首都圏版㉔ **最新入試に対応！　家庭学習に最適の問題集!!**

日出学園小学校

JN046684

2025年度版 過去問題集

2021～2024年度 実施試験 計4年分収録

問題集の効果的な使い方

①学習を始める前に、まずは保護者の方が「入試問題」の傾向や、どの程度難しいか把握をします。すべての「アドバイス」にも目を通してください。
②各分野の学習を先に行い、基礎学力を養いましょう！
③力が付いてきたと思ったら「過去問題」にチャレンジ！
④お子さまの得意・苦手がわかったら、その分野の学習を進め、全体的なレベルアップを図りましょう！

厳選！ 合格必携 問題集セット

数量	Jr. ウォッチャー ⑭「数える」
図形	Jr. ウォッチャー ㊺「図形分割」
言語	Jr. ウォッチャー ㊾「しりとり」
	1話5分の読み聞かせお話集①・②
	日出学園小学校　合格対策問題集

日本学習図書 ニチガク

ニチガクの家庭学習支援

Web学習サポートサービス

こんなこと…ありませんか？

「ニチガクの問題集…買ったはいいけど、、、
この問題の教え方がわからない（汗）」

メールでお悩み解決します！

- ☆ ホームページ内の専用フォームで必要事項を入力！
- ☆ 教え方に困っているニチガクの問題を教えてください！
- ☆ 確認終了後、具体的な指導方法をメールでご返信！
- ☆ 全国どこでも！ スマホでも！ ぜひご活用ください！

<質問回答例>

学習のポイント

推理分野の学習では、後の学習に活きる思考力を養うことができます。ご家庭で指導する場合にも、テクニックにたよらず、保護者の方が先に基本的な考え方を理解した上で、お子さまによく考えさせることを大切にして指導してください。

Q.「お子さまによく考えさせることを大切にして指導してください」と学習のポイントにありますが、考える習慣をつけさせるためには、具体的にどのようにしたらいいですか？

A. お子さまが考える時間を持てるように、質問の仕方と、タイミングに工夫をしてみてください。
たとえば、「答えはあっているけど、どうやってその答えを見つけたの」「答えは○○なんだけど、どうしてだと思う？」という感じです。はじめのうちは、「必ず 30 秒考えてから手を動かす」などのルールを決める方法もおすすめです。

まずは、ホームページへアクセスしてください !!

http://www.nichigaku.jp　日本学習図書　検索

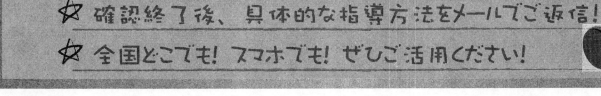

目指せ！合格！

家庭学習ガイド
日出学園小学校

ペーパー　巧緻性　行動観察　口頭試問　志願者面接　保護者面接

入試情報

応募者数：男子 114 名　女子 69 名

出題形態：ペーパー、ノンペーパー

面　　接：保護者面接、志願者面接（口頭試問）

出題領域：ペーパー（お話の記憶、数量、言語、図形、推理）、巧緻性、行動観察

入試対策

当校の入試は第一志望者入試と一般入試とがあります。出題傾向としては、概ね同じ分野が出題されますが、難易度は違います。一般入試の方が難易度が高く設定されています。ただ、ひねった問題の出題は観られず、基本的な力が身に付いているかということが対策のポイントといえるでしょう。
出題分野としての大きな違いは観られませんが、全体を通して、出題された問題文や先生からの指示をしっかりと聞き、対応することが求められる内容が特徴の一つとしてあげることができます。この聞く力がきちんと身に付いていないと、分かっていても間違えた解答をしてしまうことになり、その場合、その問題全てが間違いとなってしまう危険をはらんでいます。ですから、日頃から、「人の話を最後まで聞き」「理解し」「行動する」この一連の動きを意識することをおすすめいたします。また、お子さまへの指示はまとめて出すことで、行動観察などの練習、記憶力の強化にもつながりますので、取り入れることをおすすめいたします。
これは断言できることですが、入試は緊張します。保護者の方は、お子さまの普段の良いところが出せる環境作りを心がけると共に、お子さまが自信を持って入試に臨めるよう環境を整えることを心がけてください。

●当校の 2024 年度入試のペーパーテストでは、引き続き「推理」分野からの出題が多く見られました。「推理」分野の要素もある重ね図形の問題や、決められた約束に従って結果を推理する問題が出題されています。「推理」の問題は、さまざまなジャンルの要素を含んでいます。中でも図形・数量の知識は必要になるので、他分野の問題にも積極的に取り組んでください。

●記憶の問題は、文章を読み上げ、それについて内容を問う形で出題されています。出題に使用されるのは短い物語ですが、他分野の図形や、数量について述べるものなど、複合的な出題が見られます。単純にお話の内容を問うという形ではないので、聞き取りの際はまず、集中して聞くことを意識するとよいでしょう。

●数量の問題の設問数は多く、10 問出題されました。難易度は高くないですが、問題数が多いので、見直しができるようにスピードを重視した対策をしておきましょう。

「日出学園小学校」について

〈合格のためのアドバイス〉

当校は、高校まで一貫して「なおく　あかるく　むつまじく」として、生きる力を養う総合教育を行っています。また、児童の習熟度などに合わせての少人数制授業や、９教科で専科制がとられ、英語では担当教師のほかに、もう１人の教師が助力し授業を行う、Team Teachingを実施しています。

2016年度入試より、「第一志望入試」と「一般入試」の２回が実施されています。また、出願についてもWeb出願が新しく導入されるなど、志願者のための改革が行われています。学校のホームページなどの情報はしっかりチェックしましょう。

2024年度は、「第一志望入試」が１回、「一般入試」が２回、計３回の入試が実施されました。また、昨年に引き続き「図形」「常識」「記憶」「推理」などの分野の問題も出題されています。年度によって出題分野が変化するので、ご家庭の学習でも、2024年度だけでなく、それ以前の出題分野も把握しておいた方がよいでしょう。

さらに、「第一志望入試」と「一般入試」すべての入試において、「常識」分野の問題がペーパーではなく、面接時の個別テストとして出題される形式が定着してきています。個別テストでは、単に絵を見て「どれが悪いか」と聞かれるだけでなく、「なぜ悪いか」というところまで掘り下げて聞かれます。保護者の方はお子さまにマナーについて話す時は、お子さまの考えを聞いてから説明をして、お子さまが理解できるようにしてください。

私立小学校では遠距離通学が多いこともあり、道徳やマナーは当校だけでなく、多くの学校が重視しています。保護者の方は生活の中で、よいこと・悪いことの区別ができるように指導しましょう。保護者アンケートでは、志望動機のほか、家庭環境、お子さまとのコミュニケーションについての質問があります。面接で聞かれる可能性もありますので、答えられるようにしておきましょう。

〈2024年度選考〉

◆ペーパーテスト
（第一志望入試：お話の記憶、数量、言語、図形、推理）
（一般入試：お話の記憶、数量、言語、図形、推理）
◆巧緻性
◆行動観察（ゲーム）
◆保護者面接、志願者面接（口頭試問）

◇過去の応募状況

2024年度	男子 114名	女子 69名
2023年度	男子 146名	女子 120名
2022年度	男子 138名	女子 117名

〈本書掲載分以外の過去問題〉

◆数量：野菜やお菓子がコイン何枚で買えるか。［2020年度］
◆常識：40個の絵に季節を表す記号を書いていく。［2020年度］
◆図形：２枚の絵を重ねるとどのように見えるか。［2020年度］
◆推理：ブラックボックスを通したとき絵はどう変化するか。［2020年度］

日出学園小学校

過去問題集

〈はじめに〉

　現在、少子化が叫ばれているにもかかわらず、私立・国立小学校の入学試験には一定の応募者があります。入試は、ただやみくもに学習するだけでは成果を得ることはできません。志望校の過去における出題傾向を研究・把握した上で、練習を進めていくこと、試験までに志願者の不得意分野を克服していくことが必須条件です。そこで、本問題集は小学校を受験される方々に、志望校の出題された問題をより分かりやすく理解して頂くために、アドバイスを記載してあります。最新のデータを含む精選された過去問題集で実力をお付けください。

　また、志望校の選択には弊社発行の「**2025年度版　首都圏・東日本　国立・私立小学校　進学のてびき**」をぜひ参考になさってください。

〈本書ご使用方法〉

◆出題者は出題前に一度問題を通読し、出題内容などを把握した上で、〈準　備〉の欄に表記してあるものを用意してから始めてください。

◆お子さまに絵の頁を渡し、出題者が問題文を読む形式で出題してください。問題を読んだ後で、絵の頁を渡す問題もありますのでご注意ください。

◆「**分野**」は、問題の分野を表しています。弊社の問題集の分野に対応していますので、復習の際の目安にお役立てください。

◆一部の描画や工作、常識等の問題については、解答が省略されているものがあります。お子さまの答えが成り立つか、出題者が各自でご判断ください。

◆〈**時　間**〉につきましては、目安とお考えください。

◆本文右端の［**○年度**］は、問題の出題年度です。［**2024年度**］は、「2023年の秋に行われた2024年度入学志望者向けの考査で出題された問題」という意味です。

◆**学習のポイント**は、指導の際にご参考にしてください。

◆**【おすすめ問題集】**は各問題の基礎力養成や実力アップにご使用ください。

〈本書ご使用にあたっての注意点〉

◆文中に **この問題の絵は縦に使用してください。** と記載してある問題の絵は縦にしてお使いください。

◆〈準　備〉の欄で、クレヨン・クーピーペンと表記してある場合は12色程度のものを、画用紙と表記してある場合は白い画用紙をご用意ください。

◆文中に **この問題の絵はありません。** と記載してある問題には絵の頁がありませんので、ご注意ください。なお、問題の絵の右上にある番号が連番でなくても、中央下の頁番号が連番の場合は落丁ではありません。

下記一覧表の●が付いている問題は絵がありません。

問題1	問題2	問題3	問題4	問題5	問題6	問題7	問題8	問題9	問題10
問題11	問題12	問題13	問題14	問題15	問題16	問題17	問題18	問題19	問題20
問題21	問題22	問題23	問題24	問題25	問題26	問題27	問題28	問題29	問題30
						●	●		
問題31	問題32	問題33	問題34	問題35	問題36	問題37	問題38	問題39	問題40
									●
問題41	問題42	問題43	問題44	問題45	問題46	問題47	問題48	問題49	
●							●		

㊢ 先輩ママたちの声！

◆実際に受験をされた方からのアドバイスです。
ぜひ参考にしてください。

日出学園小学校

・試験は２つのグループで同時にスタートします。待機している時間はほとんどありません。

・面接ではアンケートと異なる内容が問われました。試験前に、夫婦の間で教育方針などをしっかりと確認しておいてよかったと思いました。

・質問する先生と、後ろでメモをとっている先生がいて緊張しました。
子どもの面接も、質問をする先生とは別に、後ろでメモをとる先生がいたそうです。

・面接は、保護者と子どもが同じ部屋の別々の場所で行われました。後で子どもに聞いてみたところ、同じ内容の質問も一部あったようです。

・試験中、保護者はアンケートに答えます。内容は志望動機など一般的なものですが、準備をしておいた方がよいと思います。

・子どもの面接では、マナーについての質問（口頭試問）があったようです。絵を見て「どの子がよくないことをしていますか」という質問に答えたそうです。

・行動観察では、態度や姿勢について観られているようです。日頃の生活から意識したほうがよいと思います。

◎学習効果を上げるため、前掲の「家庭学習ガイド」及び「合格のためのアドバイス」をお読みになり、各校が実施する入試の出題傾向を、よく把握した上で問題に取り組んでください。
※冒頭の「本書のご使用方法」「ご使用にあたっての注意点」も併せてご覧ください。

2024年度の最新入試問題

問題1　分野：記憶（お話の記憶）　※第一志望入試

〈準備〉　鉛筆

〈問題〉　今から読むお話をよく聞いて、次の質問に答えてください。

幼稚園から帰ってきたなおと君が、おやつを食べながら、なおと君の生まれたときのことをお母さんに聞いていると、電話がかかってきました。おばあさんからでした。おばあさんは、「明日、なおとの誕生日だね。お祝いに行くからね」という話でした。明日で４歳になります。翌日お父さんと妹となおと君でおじいさんとおばあさんを迎えに行きました。ところがおじいさんは風邪をひいて寝ていました。なおと君はおじいさんからお祝いの絵本をもらいました。妹のナナちゃんはかわいいお人形をもらいました。お父さんは、なおと君の欲しいものをお母さんから聞いていて分かっていたので、昨日のうちに内緒で買っておいたのです。「なおと、今一番ほしいものは何かな？」とお父さんに聞かれたなおと君は「絵本かな」と、答えました。「フーン、そうなんだ、本なのか」とお父さんが言うと、なおと君は慌てて「本当はプラモデルが欲しいんだ」と言い直しました。みんなは大笑いです。家の中はイチゴのとてもおいしそうな匂いがします。お祝いのケーキは人数分に切り、イチゴはそれぞれ一皿に５個ずつ入れました。お祝いの歌を歌った後に、妹のナナちゃんが「おにいちゃんおめでとう」と言って、なおと君の似顔絵を描いたプレゼントを渡しました。お父さんとお母さんからはプラモデルです。なおと君は、どうして僕の欲しいものが分かったのかな、とびっくりしました。プラモデルと似顔絵をもらい大喜びです。おばあさんからもらったイチゴはとてもおいしくて、お父さんとお母さんとなおと君は全部食べました。おばあさんが３個残し、妹は２個残したので、なおと君はそれをもらって食べました。

（問題１の絵を渡す）
①なおと君の家に電話をかけてきた人に○を付けてください。
②おじいさんとおばあさんを迎えに行かなかった人に○を付けてください。
③お父さんはどこでプレゼントを買ったと思いますか。そのお店に○をつけてください。
④おばあさんと妹のナナちゃんが食べたイチゴの数は合わせていくつでしょうか。その数だけ四角に○を書いてください。
⑤なおと君とお父さんが食べたイチゴの数はいくつ違うでしょうか。その数だけ四角に○を書いてください。

〈時間〉　30秒

〈解答〉　①左端　②左から2番目　③左端　④○5つ　⑤○5つ

アドバイス

お話の内容は生活上経験することで、記憶はしやすいでしょう。しかし単にあらすじを記憶すればよいだけの問題ではありません。問題を見ますと④と⑤の問題は記憶をたどり、数量の加減算の問題を伴った難易度の高い問題となっています。なおと君は自分の分とおばあさんや妹の残りを食べています。ここでたし算をやり、お父さんの食べた数となおと君の食べた数を比較して解答を出します。危険なことは、お話を聞きながら自分で問題を想定して聞いていることです。すべてのことに言えることですが、集中してしっかり最後まで聞くことを身に着けてください。生活のすべては記憶が基本となっているといっても過言ではありません。日々の読み聞かせの量が記憶力を高めることは確かです。記憶力を高めるために弊社発行の基礎力アップ問題集の①記憶・②スピード・③比較で記憶力をやってみてください。基本的なことがしっかり身につきます。

【おすすめ問題集】

Ｊｒ・ウォッチャー19「お話の記憶」、20「見る記憶・聴く記憶」、１話５分の読み聞かせお話集①②、厳選問題集②、分野別苦手克服「記憶」、国立・私立ＮＥＷウォッチャー「記憶」、基礎力アップ問題集①記憶・②スピード・③比較

問題2　分野：数量　※第一志望入試

〈準　備〉　鉛筆

〈問　題〉　二番目に多いものに○をつけてください。
まず左側の列を上から順に解き、終わったら右の列を上から順に解いてください。

〈時　間〉　30秒

〈解　答〉　下図参照

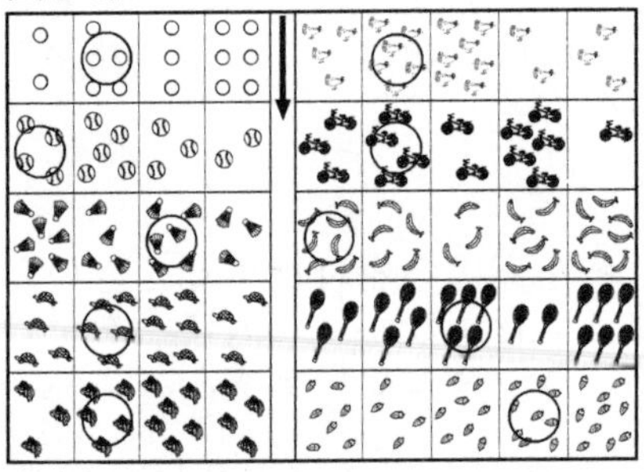

弊社の問題集は、同封の注文書の他に、
ホームページからでもお買い求めいただくことができます。
右のQRコードからご覧ください。
（日出学園小学校おすすめ問題集のページです。）

アドバイス

二番目に多いものを問われています。まず、一見して選択肢から除外できるものを削除して比較する個数を減らすことで考えやすくします。選択肢を減らした状態で問題を解き始めると、比較的楽に解答することができます。この数に関する問題は、数えるスピードに左右されます。この数える行為は、経験を多く積むことで早く、正確に数えることができてきます。ですから、問題を解くこととは別に、物を数える行為を日常生活に多く取り入れるように心がけましょう。保護者の方は、お子さまが数えているとき、どのような数え方をしているのかチェックしておいてください。これはお子さまの数える癖を把握することが狙いです。その理由ですが、数え方（数える方向性）が常に一定になることを目指します。そうすることで、数え忘れ、重複して数えるなどのミスを防ぐことができると共に、数えるスピードも上がるからです。

【おすすめ問題集】
Ｊｒ・ウォッチャー14「数える」、41「数の構成」

問題３　分野：言語　※第一志望入試

〈準 備〉　鉛筆

〈問 題〉　**この問題の絵は縦に使用して下さい。**
左のマスから右のマスまでしりとりでつながるようになるには、どの絵を選ぶとつながりますか。それぞれの四角に描いてある絵からつながる絵を選び、○をつけてください。

〈時 間〉　30秒

〈解 答〉

①カメ	→	メガネ	→	ネコ	→	コマ
②ヒマワリ	→	リス	→	スズメ	→	め
③リュックサック	→	くつ	→	つき	→	キツツキ
④スイカ	→	かさ	→	さかな	→	ナス
⑤ウシ	→	シマウマ	→	マイク	→	クリ

アドバイス

しりとりでつながるか否かを問われてますが、それぞれの四角の中に複数の絵が描いてあり、選択をしなければなりません。しかし、前後のつながりを考えながらの選択となるため、混乱してしまうお子さまもいると思います。このような問題のときも慌てず、問題に取り組むことが大切です。上の３問までは各マスでつながるものは１つしかありません。ですから、比較的、簡単に選べると思います。問題は下の２問です。途中で選択肢が２つになります。そのときはそれぞれのしりとりを続けて、つながるかどうかを確認しましょう。しりとりは後ろからするといいなどと言われますが、この数のしりとりなら、前から取り組んだ方が早いと思います。言葉遊びを楽しみ、語彙数を増やすようにしましょう。

【おすすめ問題集】
Ｊｒ・ウォッチャー18「いろいろな言葉」、49「しりとり」、60「言葉の音（おん）」

問題4　分野：図形　※第一志望入試

〈準 備〉　鉛筆

〈問 題〉　左の形を作るにはどれとどれを使えばいいですか。その形を２つ選び、○をつけてください。

〈時 間〉　30秒

〈解 答〉　下図参照

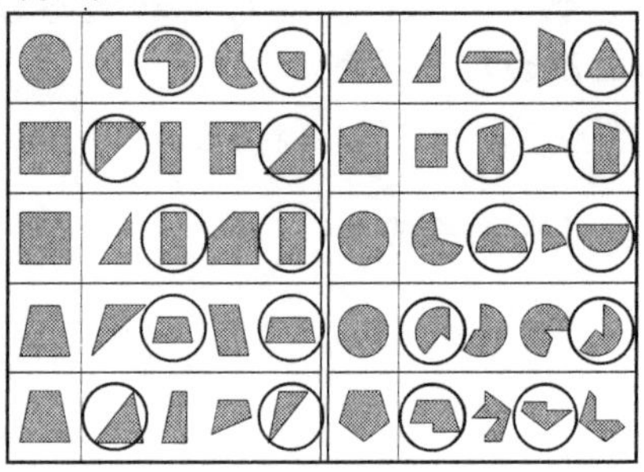

アドバイス

空間認識力は得意なお子さまと、不得意なお子さまに分かれると思います。不得意なお子さまの場合、その形を作る上での着眼点を見いだすことが苦手とする方が多いようです。このような問題の力を伸ばすためには、パズルでの遊びをおすすめいたします。そのパズルですが、最初は絵のあるものを使用し、次に自分が描いた絵を切ってパズルにします。最初はピースの数を少なくし、徐々にピースの数を増やしていきます。自分の描いた絵なら、ピースの接点がどうなっているのかが分かります。慣れたものを使用することで、着眼点の強化を図ります。力がついてきたら、今度はこの問題のような形を使用して実際につなげていきます。このように少しずつ取り組んでいくことで、着眼点をしっかりと修得することができます。この問題もコピーをとり、解答後、ピースを切り取り、実際に組み合わせてみましょう。そのようにして正誤を確認するのもおすすめです。

【おすすめ問題集】

Ｊｒ・ウォッチャー３「パズル」、９「合成」、45「図形分割」

NEWウォッチャーズ私立図形①・②

問題5　分野：思考　※第一志望入試

〈準備〉　鉛筆

〈問題〉　ボタンを押してロボットをうごかします。△のボタンを押すと１マス前に進みます。矢印のボタンを押すとその場で矢印の方向に向きを変えます。
左から右へ順番にボタンを押すとロボットはどこに進むでしょうか。ロボットが着いた先のマスに○をつけてください。

〈時間〉　30秒

〈解答〉　下図参照

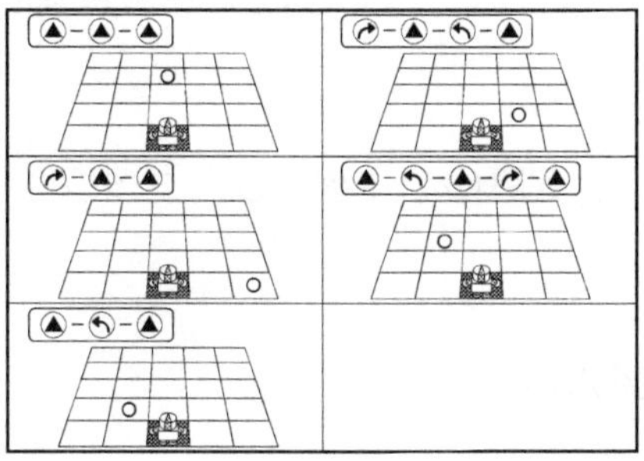

アドバイス

このようにマス目上をロボット（人など）が移動する場合、向いている方向によって、左右が変わります。この左右の変化が正しく理解できていなければ正解の場所にはたどり着けません。この向きによる左右の変化が混乱している場合、保護者の方はどのように指導していますか。実はこのような論理的思考力を要する問題の場合、口で説明しても理解はしにくく、余計、混乱してしまうと思います。一番良い方法は、床にマス目を作り、その上を実際に移動させることです。向きが変わると、右でも向かう方法が変わることを体験させます。そのようにして体験させることで、この問題を考えるときも、ロボットを自分に置き換えて考えることができます。それができれば、後は問題をしっかりと聞き、内容に添って移動させるだけです。楽しく、取り組んでください。

【おすすめ問題集】
Ｊｒ・ウォッチャー２「座標」、31「推理思考」、47「座標の移動」

問題6　分野：巧緻性（行動観察）　※第一志望入試

〈準備〉　厚紙、ひも（30cm程度）、ハサミ
絵の大きさを参考に厚紙を切って、２箇所に穴をあけておきます。

〈問題〉　この問題は絵を参考にして下さい。
（問題６の絵を見せる）
絵を見てください。この絵のとおりに厚紙にひもを通してください。

〈時間〉　１分

〈解答〉　省略

アドバイス

指先の器用さ、正確性、指示の遵守が求められる問題です。紐通しは小学校受験では頻出問題であり、対策をとらなければならない必須の内容です。同じように結ぶ、ちぎる、切る、貼る、描く、塗るなども同様です。しかし、これらの作業は園生活でも行っていることであり、日常生活にもよくあることです。ですから、特別なこととして捉えるのではなく、お子さまの体験量を多く取り入れることを心がけてください。途中で投げ出さず、最後まで取り組めることもさることながら、体験量に比例して上達します。できれば、毎日、少しずつでもよいので、前述した作業を取り入れることをおすすめいたします。その他の大切なことは指示を最後まで集中して聞き、理解し、実践する力の伸長です。たとえ、技術が上達しても、指示が守れなければ、求められている内容と違うものになってしまい、良い作品とは言えなくなります。紐通しも、色々な紐で練習しましょう。

【おすすめ問題集】

Ｊｒ・ウォッチャー25「生活巧緻性」、実践ゆびさきトレーニング①・②・③

問題7　分野：行動観察　※第一志望入試

〈問題〉　この問題は絵を参考にして下さい。

３列に並んで待ちます。組分けエリアで２人組になって線のところに並びます。
合図があったら先生のところまで進み、じゃんけんをします。
じゃんけんで勝った人は喜びましょう。負けた人は悔しがったり、悲しんだりしましょう。
その後は列の後ろに並び直して終わるまで待ちましょう。

〈時間〉　適宜

〈解答〉　省略

アドバイス

コロナ禍以降、行動観察で差がつくとこが増えていると共に、できるお子さまと、できないお子さまとがはっきりと分かれるようになりました。入試は、初めて会ったお友達と行動を共にしなければなりません。しかし、お子さまはコロナ禍の自粛生活の影響で、他者との関わりの経験があまりありません。そう考えると、自粛期間中の各ご家庭での取り組みが行動観察に顕著に表れているといっても過言ではありません。先ずは、保護者の方が、この試験で、何を観ているのか、教師の立場になって問題を見てください。そこで挙げた内容は、入試での観点と大きく違いません。後はその観点の力を強化してあげましょう。一例を挙げると、取り組む姿勢、ルールの遵守、機敏な行動、勝敗後の行動、態度、そして待っている時の姿勢が挙げられます。特に最後の待っている時の態度は、運動テストにおいても差がつくポイントだと言われています。家庭での生活においても、自制すること、待つことなどを積極的に取り入れることをおすすめいたします。

【おすすめ問題集】

Ｊｒ・ウォッチャー28「運動」、29「行動観察」

問題8　分野：面接　※第一志望入試

〈問　題〉　（問題８－１の絵を見せる。５秒ほど見せた後、問題８－１の絵を伏せる。
　問題８－２の絵を見せる。５秒ほど見せた後、問題８－２の絵を伏せる。）
２枚の絵を見てどう思いますか。

〈時　間〉　適宜

〈解　答〉　省略

アドバイス

先ずは、２枚の絵を見て相違点を見つけることが第一。次にその違いからどのようなことを感じたのかを伝えなければなりません。このような問題の場合、単に相違点を挙げるだけでなく、常識的な考えのもと、思ったことを伝えなければなりません。面接テストは正解を求められる内容よりも、自分の思ったことを相手に伝える質問の方が多くなります。自分の意見に自身をもち、相手の目を見て、しっかりと答えましょう。
面接テストというと、つい難しく捉えがちですが、質問内容は特に難しい内容は聞かれていません。みなさんの考えが及ぶ範囲の質問内容であり、その質問に対してご自身が考えていること、実践してきたことを自信を持って伝えればよいだけです。答えた内容も気になるでしょうが、答えているときの目、姿勢、言葉の強さなど、回答以外のものも観られていることを覚えておいてください。お子さまにつきましては、態度、言葉遣いなどが気になるという感想があります。日常生活を通して目上の、初対面の大人との会話ができるように練習しましょう。

【おすすめ問題集】
Ｊｒ・ウォッチャー18「色々な言葉」、21「お話作り」、31「推理思考」、
面接テスト問題集、新 小学校受験の入試面接Ｑ＆Ａ

家庭学習のコツ①　「先輩ママのアドバイス」を読みましょう！

本書冒頭の「先輩ママのアドバイス」には、実際に試験を経験された方の貴重なお話が掲載されています。対策学習への取り組み方だけでなく、試験場の雰囲気や会場での過ごし方、お子さまの健康管理、家庭学習の方法など、さまざまなことがらについてのアドバイスもあります。先輩ママの体験談、アドバイスに学び、ステップアップを図りましょう！

問題9　分野：記憶（お話の記憶）　※一般入試

〈準備〉　鉛筆

〈問題〉　今から読むお話をよく聞いて、次の質問に答えてください。

クマさん、イヌさん、ブタさん、ネズミさん、ネコさんたちは、海へ遊びに行く約束をしていました。海はみんなの家からすぐのところでいつも遊んでいます。天気も良く、砂浜ははだしで歩くと熱いのでサンダルを履いています。ネコさんは水玉模様の浮き輪、クマさんはしましま模様の浮き輪、イヌさんは青と白の２色の浮き輪、ブタさんは星の模様の浮き輪をもって集まってきました。ところがネズミさんがまだ来ません。待っているとネズミさんのお母さんがやってきて「チュウタは風邪をひいたので、残念だけど今日は一緒に遊べないの、気を付けて遊ぶのよ」と一緒に遊べない理由を教えに来てくれました。ブタさんが一番先に浮き輪をもって泳ぎだしました。つづいてクマさんそしてイヌさんが海に入りました。ネコさんは水着が濡れるのが嫌でなかなか海に入ろうとはしません。それもそのはずです。水着は昨日買ってもらったばかりで、浮き輪と同じ水玉模様のかわいい水着だからです。しばらくもじもじしていたネコさんも海に入り泳ぎました。「クマさんがおなかすいたね。」と言いみんなでお昼ご飯を食べることにしました。ブタさんはおにぎり３個、イヌさんはおにぎり２個、クマさんはサンドイッチ、ネコさんはおにぎり１個、それぞれ砂浜で食べ始めました。「砂で何かを作ろうよ」と一番先に食べ終わったクマさんが言い出し、２組に分かれて造ることになりました。ネコさんとクマさんチームは相談の結果トンネルを作ることにしました。イヌさんとブタさんチームも同じトンネルを造るように話がまとまりました。ネコさんチームは同じようなトンネルをいくつも造っています。数えると６つもできていました。イヌさんチームは大きいサイズのトンネルが１つできていました。ブタさんがネコさんたちのトンネルを見に行ったときイヌさんが転んでトンネルを３つ壊してしまいました。「ごめんね、同じように造り直すからね」と言って、みんなも手伝い４つ作りました。「トンネルの中を走る電車も造ろうよ」ということで電車を２両作りました。残念ながらこの電車は動きません。トンネルや電車をそのままにして、みんなはネズミさんのお家に立ち寄り「治ったら、一緒に遊ぼうね」と言って帰りました。造ったトンネルは満ち潮の時の波で少しずつ壊されていったのでしょうか。翌朝ネコさんとブタさんが浜辺に様子を見に来たときは、トンネルを造る前の砂浜に戻っていました。ネコさんとブタさんは顔を見合わせて笑い、また造ろうね、と言いました。

①このお話の季節と同じ季節のものに○を付けてください。
②２番目に泳いだ動物の浮き輪はどれでしょうか。○を付けてください。
③イヌさんと同じチームになったのはどの動物でしょうか。○を付けてください。
④最後に２つのチームで造ったトンネルの数は、全部でいくつでしょうか。その数だけ○を書いてください。
⑤浜辺でおにぎりを２個食べた動物に○を付けてください。

〈時間〉　各10秒

〈解答〉　①左から２番目　②右から２番目　③右端　④○：８　⑤真ん中

アドバイス

話の内容は夏の海での様子で、分かりやすい内容になっていますが、動物にまつわる１つひとつのことが複雑になっているため、しっかり記憶していなければ、解答に窮します。それに質問が話の内容の順番に沿って出題されていません。このようなことから難易度の高い問題になっています。記憶すること、理解すること、判断することは、すべての問題に通じることですので、しっかり聞く習慣をつけることです。また、聞きながら自分で作問を想定しての聞き取りはしないようにすることです。読み聞かせをするときは、読み手を変えてやることで、本番でどのような方法で出題されても対応できるでしょう。記憶力を高めるために弊社発行の基礎力アップ問題集の①記憶・②スピード・③比較で記憶力をやってみてください。基本的なことがしっかり身につきます。

【おすすめ問題集】

Ｊｒウオッチャー19「お話の記憶」、20「見る記憶・聞く記憶」、お話の記憶読み聞かせ①②、厳選問題集②、分野別苦手克服「記憶」、国立・私立ＮＥＷウオッチャー「記憶」、基礎力アップ問題集①記憶・②スピード・③比較

問題10　分野：数量　※一般入試

〈準 備〉　鉛筆

〈問 題〉　上の人数で下のものを分けると１人いくつずつになるでしょうか。
１人分の数だけ下の四角に○をつけてください。
先ず上の段を左から右へ順番にやっていき、終わったら下の段も同じようにやってください。

〈時 間〉　１分

〈解 答〉　①○：２　②○：２　③○：３　④○：６　⑤○：５
⑥○：７　⑦○：６　⑧○：３　⑨○：４　⑩○：４

アドバイス

分配の問題ですが、特に複雑な問題ではありません。また、解答する順番も矢印で示されており、その通り進めていけば難易度が少しずつアップしていくように出題されています。ですから、解答するお子さまも問題に慣れながら解くことができ、右下の数が多くなっても抵抗なく解けると思います。このような出題の場合、指示に従って問題を解き進めることも大切です。学校側は志願者のことを考慮して、このような出題方法をとりましたが、指示通りに進めず、途中で終わってしまった場合は、指示を聞かないという評価をされてしまう可能性があります。ちょっとしたことと思うかもしれませんが、入試において指示の遵守は大切なことですから、普段の生活を通して、指示を守ることを意識して生活を送るようにしましょう。また、物を分配する行為は、日常性においても色々あると思います。分配する体験の場を多く持たせることで、このようなペーパーの問題にもスムーズに対応することができるようになります。

【おすすめ問題集】

Ｊｒ・ウォッチャー14「数える」、40「数を分ける」、42「一対多の対応」、苦手克服問題集　数量、NEWウォッチャーズ私立数量①・②

問題11　分野：言語　※一般入試

〈準備〉　鉛筆

〈問題〉　この問題の絵は縦に使用して下さい。
左のマスから右のマスまでしりとりでつながるようになるには、どの絵を選ぶとつながりますか。それぞれの四角に描いてある絵からつながる絵を選び、○をつけてください。

〈時間〉　30秒

〈解答〉
①こたつ　→　つくえ　→　エンピツ　→　つくし
②たいこ　→　こま　→　マスク　→　クリ
③ロケット　→　とけい　→　イルカ　→　カメ
④アサガオ　→　おにぎり　→　リンゴ　→　ゴリラ
⑤コアラ　→　ラッパ　→　パンダ　→　ダイヤモンド

アドバイス

第一志望入試に続き、しりとりの問題が出題されましたが、難易度は一般入試の方が高く、左端の四角から、選択肢が複数になっています。このような問題になりますと、先の問題とは解き方が少し違います。理解としては、一つずつ、つながるかどうかを検証することは大切ですが、解答時間などの問題もあることから、一つずつ順番に当てはめていく方法は得策とは言えません。入試の場合、このように選択肢が複数ある場合は、どの場所でも構いませんので、つながる絵のペアを見つけます。ペアができたら、両端につながる絵を更に探し、しりとりを完成させていきます。もし、つながる物がないときは、その絵は解答にはならないので、選択肢から除外して、再度、考えていきます。この作業を繰り返すのですが、最初のペアを見つけるスピードを上げるようにするのがポイントです。また、一番のポイントは、慌てずに取り組むことです。

【おすすめ問題集】
Ｊｒ・ウォッチャー18「いろいろな言葉」、49「しりとり」、60「言葉の音（おん）」

問題12　分野：図形　※一般入試

〈準備〉　鉛筆

〈問題〉　左の形を作るにはどれとどれを使えばよいですか。その形を2つ選び、○をつけてください。

〈時間〉　30秒

〈解答〉　下図参照

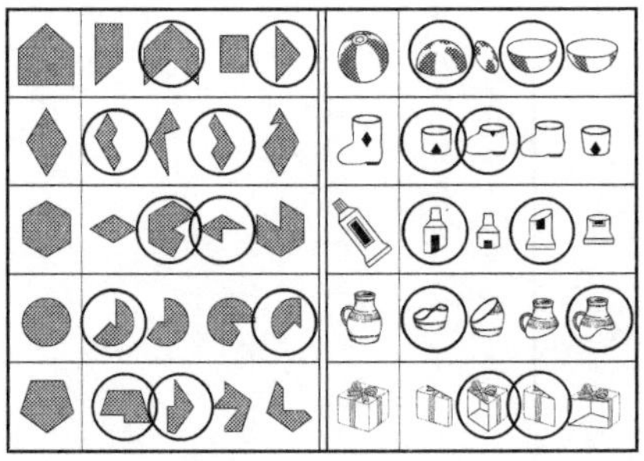

アドバイス

形を構成する問題と、絵を構成する問題が出題されています。どちらも基本的な考え方は同じですが、絵の方は、同じような絵でも大きさが違ったものもあり、より細かな観点が求められます。形の方では、2次元の形の構成のため、後で、絵を切ってつなぐことで検証ができますが、絵の問題は3次元ですから、その方法も上手くはいきません。ただし、基本は断面がどうなっているかということになりますので、基本的な考え方は同じといってよいでしょう。ただ、このような問題を解く場合、絵のどの部分に着眼すればよいのか、どうしてその部分に着眼したのかなどを、お子さまに最初に聞きましょう。着眼点がすぐに見つかるようになると、後は大丈夫です。最初は簡単な物から始め、少しずつ、難しい問題にチャレンジしていきましょう。

【おすすめ問題集】

Ｊｒ・ウォッチャー３「パズル」、９「合成」、45「図形分割」

NEWウォッチャーズ私立図形①・②、苦手克服問題集　図形

問題13　分野：思考　※一般入試

〈準備〉　鉛筆

〈問題〉　ボタンを押してロボットをうごかします。△のボタンを押すと１マス前に進みます。矢印のボタンを押すとその場で矢印の方向に向きを変えます。
左から右へ順番にボタンを押すとロボットはどこに進むでしょうか。ロボットが着いた先のマスに○をつけてください。

〈時間〉　30秒

〈解答〉　下図参照

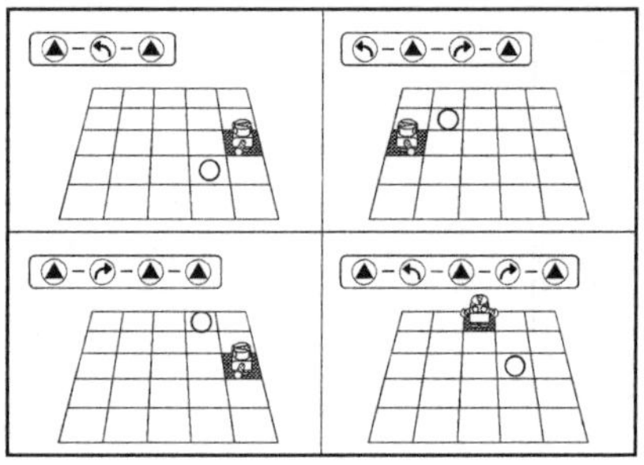

アドバイス

同じような問題が出題されましたが、ロボットのスタートの位置が色々なところから始まっています。すでに、この時点で同じ左右の指示でも、進む方向が違います。この向いている方向によって、進行方向が違うことをどのように捉えたでしょうか。単に難しいと、混乱してしまってはよい点は取れません。先ずは、左右分別から始まり、向きによる左右の指示が出たときの進む方向の変化をしっかりと修得してください。他には、問題をしっかりと聞いて、言われている意味、出されている指示をしっかりと理解し、行動に移せているかもチェックしてください。前述しましたが、混乱したときは、自分がこの盤の上を移動していることを考えると、左右の違いによる混乱は避けられると思います。

【おすすめ問題集】
Ｊｒ・ウォッチャー２「座標」、31「推理思考」、47「座標の移動」

問題14　分野：巧緻性　※一般入試

〈準備〉　４×４の穴を開けた厚紙、ひも（30cm程度）

〈問題〉　この問題は絵を参考にして下さい。
絵を見てください。この絵のとおりに厚紙にひもを通してください。

〈時間〉　１分

〈解答〉　省略

アドバイス

紐通しの問題ですが、小学校受験では頻出問題の一つになります。この問題をやり終えたら、保護者の方は、お子さまが紐を通した位置が正しかったかを確認すると思いますが、同時に、裏面も観てください。点数には影響はしませんが、どのように紐を通していったか、順番を知っていただきたいと思います。裏面を観ることで、運筆の問題の力を把握することができます。問題の絵を見て、どのように紐が通っているのかを理解し、紐をどう進めていけばよいのか、考えて作業を行います。この作業を進めていくのが、運筆と同じ移動になるということです。位置の把握の学習として、紐通しはおすすめです。このような学習は、弊社発行の「ゆびさきトレーニング」シリーズをご活用ください。紐通し用の厚紙が入っており、学習には最適です。後は練習を繰り返すことで、スピードもついてきます。

【おすすめ問題集】

Ｊｒ・ウォッチャー25「生活巧緻性」、実践ゆびさきトレーニング①・②・③

問題15　分野：行動観察　※一般入試

〈準備〉　穴の空いた箱にペアが作れる２組のカラーボールを入れておく。

〈問題〉　この問題は絵を参考にして下さい。

４人で行動します。

フープの中に置かれたカードをめくって２人のペアをつくります。

線のところにペア同士で並び、列を２つ作ります。

合図があったらペアで箱まで進み、ひとつずつボールを取り出します。

色が揃ったら１点、揃わなかったら０点として、列の点数を競います。

〈時間〉　適宜

〈解答〉　省略

アドバイス

ゲームのような行動観察ですが、その日初めて会ったお友達と、初めての場所で、初めてのことをするのは、保護者の方が思っている以上に難易度が高いものになります。特にコロナ禍以降、自粛生活を余儀なくされてきたお子さまは、体験量が不足しています。その状況下で、このような指示が複数だされ、評価が伴います。そのように考えただけで難しい問題だとお分かりいただけると思います。ただ、このような問題は、誰かが行っている最中、他のお友達は待っていることになります。行動観察、運動テストでは、取り組んでいることだけが採点対象となっているわけではありません。待っている時の態度も含めて採点対象となっており、実は、この待っている時の態度が、一番差がつくポイントと言われています。普段の生活を通して、自制すること、待つことを積極的に取り入れ、これらの力を修得しましょう。

【おすすめ問題集】

Ｊｒ・ウォッチャー29「行動観察」

問題16　分野：面接　※一般入試

〈問 題〉　（問題16の絵を見せる）
この中でいけないことをしている人は誰ですか。
それはどうしていけないのですか。

〈時 間〉　適宜

〈解 答〉　省略

アドバイス

常識の問題です。保護者の方は、一見して解答が直ぐに分かると思いますが、この問題でも不正解のお子さまや、解答するまでに時間を要したお子さまがいました。大人にとっては簡単なことでも、コロナ禍の自粛生活を余儀なくされ、成長で一番大切な時期を、お友達との関わりが希薄な状態ですごしたお子さまにとっては、当たり前と思っていたことが当たり前ではないことが意外と多く存在します。2023年春、新型コロナウイルスの第５類移行に伴い、学校側は集団での行動観察を取り入れました。このような常識の問題は、ここ数年だけ観ても出題頻度が特に上がった分野でもあり、学校側が重視している分野と見て取ることができます。入試における常識は、出題された問題だけでなく、全体を通してＴＰＯが観られていると考えてください。そして、この行動観察での大きな×は、不合格に直結する内容でもあります。入学後の授業を考慮すれば、授業を壊してしまうようなお子さまの入学を歓迎しないのは分かると思います。

【おすすめ問題集】
新 小学校受験の入試面接Ｑ＆Ａ、入試面接最強マニュアル、面接テスト問題集
Ｊｒ・ウォッチャー56「マナーとルール」

問題17　分野：お話の記憶　※第一志望入試

〈準備〉　鉛筆

〈問題〉　今から読むお話をよく聞いて、次の質問に答えてください。

今日は朝からよく晴れて、青空が広がっています。たろうくんは、お友だちのゆみこちゃんと一緒に三角公園へ行く約束をしています。集合する場所は、２人の家の間にある図書館の前のバス停です。たろうくんがバス停に着くと、ゆみこちゃんが先に待っていました。「ごめんね。待った？」と聞くと、「待っていないよ、わたしも今来たところなの。」と言いました。しばらくすると、バスがやってきました。運転手さんに「三角公園は停まりますか。」と聞くと、「停まりますよ。」と教えてくれたので、２人はお礼を言って一番奥の席に座りました。三角公園は、図書館の前のバス停から３つ目です。三角公園に着くと、たくさんの人がいました。２人は遊具広場へ行き、ブランコで遊ぶことにしました。遊具広場は、あまり人がいなかったので、たくさん遊びました。しばらくすると、ゆみこちゃんが「そろそろお弁当を食べましょう。」と言い、近くのベンチに座りました。たろうくんのお弁当箱にはおにぎりが３つ、ゆみこちゃんのお弁当箱にはおにぎりが２つ入っています。２人はお弁当を食べた後、芝生の広場を散歩することにしました。コスモスがたくさん咲いています。風に揺れてとても綺麗です。すると、ゆみこちゃんが「空が暗くなってきたね。」と言いました。たろうくんも空を見上げると、雲が広がっていることに気が付きました。たろうくんは「早めに帰ろうか。」と言い、２人はまたバスに乗って、それぞれの家に帰りました。

（問題17の絵を渡す）
①２人は三角公園までどうやって行きましたか。一番上の段の絵から選んで、○をつけてください。
②たろうくんのお弁当に入っていたおにぎりはいくつですか。上から２段目に、その数だけ○を書いてください。
③このお話の季節はどれですか。真ん中の段の絵から選んで、○をつけてください。
④広場に咲いていた花はどれですか。下から２段目の絵から選んで、○をつけてください。
⑤三角公園から帰る時の天気はどれですか。一番下の段の絵から選んで、○をつけてください。

〈時間〉　各30秒

〈解答〉　①右端（バス）　②○３つ　③右端（秋）　④右端（コスモス）
⑤左から２番目（くもり）

［2023年度出題］

アドバイス

お話の記憶は、お話の最後になるにつれて集中力が低下します。そのため、今回の問題では、特に⑤の問題の正誤に注目し、お話をしっかりと記憶できているかどうか、確認をしてください。記憶ができていないようであれば、お話の記憶の問題を解く前に、「幼稚園で何をしたのか」「誰としたのか」「どう思ったのか」など、今日あった出来事を質問してみましょう。事前に、頭にイメージしてから読み聞かせをすることで、どのように想像したらよいか、その過程が分かり、記憶力の向上につながります。つまり、お話の記憶は、内容が実際に体験したことに近ければ近いほど、記憶に残りやすくなるといえます。特別なことでなくてもよいので、身の回りのさまざまなことを体験する機会をつくるようにしましょう。

【おすすめ問題集】

1話5分の読み聞かせお話集①②、 お話の記憶 中級編・上級編、
Ｊｒ・ウォッチャー19「お話の記憶」

弊社の問題集は、同封の注文書の他に、
ホームページからでもお買い求めいただくことができます。
右のQRコードからご覧ください。
（日出学園小学校おすすめ問題集のページです。）

問題18　分野：お話の記憶　※一般入試

〈準備〉　鉛筆

〈問題〉　今から読むお話をよく聞いて、次の質問に答えてください。

今日は日曜日です。ゆうこさんは朝からとてもワクワクしています。今日は、久しぶりにおばあちゃんに会えるからです。おばあちゃんの家は森の中にあるので、お母さんと車に乗って行きます。「ゆうこ、そろそろ行くよ」と、先に車に乗ったお母さんに呼ばれました。返事をして、急いでリュックサックを背負い、お気に入りの靴を履いて家を出ました。車に乗り、外の景色を見ていると、とても綺麗な花が咲いていました。「あの紫色のお花はなんていうの？」と聞くと、「あれはアサガオというのよ」と教えてくれました。しばらくすると、おばあちゃんの家に着きました。家の前には、小さな花がたくさん咲いていました。家に入ると、おばあちゃんが出迎えて、ゆうこさんにリボンのついた麦わら帽子のプレゼントをくれました。「ありがとう！」ゆうこさんはとても嬉しくて、にっこり笑いました。家に入り、みんなでお昼ご飯を食べていると、雨が降ってきました。ゆうこさんはお庭でなわとびをしたかったのですが、部屋の中でお絵描きをすることにしました。２枚描き終わった時、「そろそろおやつにしましょう」とおばあちゃんがいちごを出してくれました。お皿には３つずつのっていましたが、おばあちゃんが１つ分けてくれました。しばらくすると雨が止んだので、ゆうこさんはもらった麦わら帽子をかぶって外に出ました。すると、クマとウサギが遊んでいるのが見えたので、ゆうこさんが声をかけると、クマが遊びに誘ってくれました。様子を見にきたおばあちゃんが、「写真を撮ってあげましょう」と言うと、クマはウサギとの間にゆうこさんを入れてくれました。帰る時、ゆうこさんは、おばあちゃんに「また来るね」と約束しました。

（問題18の絵を渡す）

①ゆうこさんが遊んでいたものはどれですか。一番上の段の絵から選んで、○をつけてください。
②ゆうこさんがにっこり笑ったことと関係があるものはどれですか。上から２段目の絵から選んで、○をつけてください。
③ゆうこさんの分のいちごはいくつですか。真ん中の段に、その数だけ○を書いてください。
④このお話の季節の後の季節に咲く花はどれですか。下から２段目の絵から選んで、○をつけてください。
⑤おばあちゃんが撮ってくれた写真はどれですか。一番下の段の絵から選んで、○をつけてください。

〈時間〉　各30秒

〈解答〉　①右端　②左端　③○４つ　④左端と右端　⑤右端

［2023年度出題］

アドバイス

今回の内容は、ファンタジーの要素が含まれたお話でした。お話の記憶は、細かく聞き取れていることと、内容を理解し記憶できていることが求められます。学習とは別に、普段から絵本や童話などに触れる機会を多くつくることをおすすめいたします。読み聞かせをした後は、そのまま終わりにするのではなく、どのようなお話だったか、お話を聞いてどう思ったか、お子さまにいくつか質問をしたり、感想を伝え合ったりするとよいでしょう。そうすることで、内容をより深く理解することができます。特に⑤は、「リボンのついた帽子」を聞き取れること、「クマはウサギとの間にゆうこさんを入れて」が、「ゆうこさんはクマとウサギの間」という位置関係を把握できることが求められ、難易度が高い問題です。お子さまがしっかりと記憶できているかどうか確認してください。また、保護者の方がお話を読む際は、内容がしっかりと伝わるようにゆっくりと丁寧に読むことを心がけてください。

【おすすめ問題集】

1話5分の読み聞かせお話集①②、 お話の記憶 中級編・上級編、
Ｊｒ・ウォッチャー19「お話の記憶」

問題19 分野：数量 ※第一志望入試

〈準 備〉 鉛筆

〈問 題〉 左の四角の中の絵と同じ数にするには、右側の○印のついているものと、もう一つはどれを選べばよいですか。選んで○をつけてください。

〈時 間〉 各20秒

〈解 答〉 ①右から２番目 ②左端 ③右端 ④左から２番目 ⑤左から２番目 ⑥右端 ⑦左端 ⑧右から２番目 ⑨左から２番目 ⑩左端

［2023年度出題］

アドバイス

この問題では、左の四角の中の数はいくつか、正しく数えられることが前提です。数え間違えると、解答もおのずと間違えてしまうので、ミスのないよう慎重に数えるようにしましょう。当校では、算数の基盤は計算力であり、計算において「速さ」「正確さ」が不可欠だと考えています。日常生活で具体物を利用し、意識的に数に触れるようにしてください。例えば、おやつの時間に、数を指定してお子さま自身にその数の分のおやつを取らせたり、２種類のおやつを出し、「合わせたらいくつになるかな？」と質問をすることで、自然と数を身近に感じることができます。数量の問題は、小学校の算数の基礎となります。苦手意識を持たせないように、今のうちから対策をたてておくとよいでしょう。

【おすすめ問題集】

Ｊｒ・ウォッチャー14「数える」、41「数の構成」

問題20　分野：数量　※一般入試

〈準備〉　鉛筆

〈問題〉　左の四角の中の絵と同じ数にするには、右側のどれとどれを選べばよいか、２つ選んで○をつけてください。

〈時間〉　各20秒

〈解答〉　①左から２番目・右から２番目　②左端・右から２番目
③左から２番目・右から２番目　④左から２番目・右端　⑤右から２番目・右端
⑥左端・左から２番目　⑦左端・右から２番目　⑧左端・右端
⑨左から２番目・右から２番目　⑩右から２番目・右端

［2023年度出題］

アドバイス

第一志望入試で出題された問題３と内容は同じですが、この問題では、組み合わせを２つとも選ぶ必要があるため、少し難易度が上がっています。時間内に解くためには、数えるスピードをあげる必要があります。対策として、身の回りのものを使って数える機会を増やすことが効果的です。例えば、トランプやオセロの駒などを早く並べるというゲームをお子さまと一緒にやってみましょう。その時に、時間を計りながら行うとよいでしょう。日常生活に取り入れ、楽しく取り組むことをおすすめいたします。この問題では、後半になると絵の数が増えてきますので、ランダムに数えると、ミスをする可能性が高くなります。縦と横どちらでも、好きな方で構いませんので、数える方向を一定にするようにしましょう。

【おすすめ問題集】
Ｊｒ・ウォッチャー14「数える」、41「数の構成」

問題21　分野：言語　※第一志望入試

〈準備〉　鉛筆

〈問題〉　左の絵の言葉が入っている絵を見つけて○をつけてください。

〈時間〉　各20秒

〈解答〉　①左から２番目　②左から２番目〈尾(お)〉　③右から２番目　④左端
⑤左端　⑥右端　⑦右から２番目　⑧右端　⑨右から２番目　⑩右端

［2023年度出題］

アドバイス

この問題に出てきた絵は、すべて知っているものだったでしょうか。言葉の名前や音を正確に覚えていないと、この問題を解くことができません。基本的なものばかりですので、知らない言葉があったら、今のうちに覚えておきましょう。新しく言葉を覚える時は、実物を見せるのが効果的です。トマトを例に出すと、どうやって育つのか、切ると断面はどのようになっているか、どのような料理に使うのかなどの情報も一緒に学ぶと一気に知識の幅が広がります。そうすると、もっと知りたいという欲が芽生え、好奇心が刺激されます。一度の機会を最大限に活用して、お子さまの語彙力を伸ばしていきましょう。

【おすすめ問題集】
Ｊｒ・ウォッチャー18「いろいろな言葉」、60「言葉の音（おん）」

問題22　分野：言語　※一般入試

〈準備〉　鉛筆

〈問題〉　左の四角の中のものに、１文字足すと何になりますか。右の中から探して〇をつけてください。

〈時間〉　各20秒

〈解答〉　①左から２番目　②左端　③左から２番目　④右端　⑤左から２番目　⑥右端　⑦左端　⑧左から２番目　⑨右から２番目　⑩左から２番目

［2023年度出題］

アドバイス

言語分野の問題に取り掛かる時は、まず、お子さまの現在の語彙力を把握することから始めてください。見たことはあっても、名前を覚えていないものなどは、保護者の方と一緒に、言葉を一音ずつ確認していくのがよいでしょう。また、日常生活のあらゆる場面を利用して、語彙を増やしていくようにしましょう。どのような意味なのか、どのような時に使うのかなど、言葉に付随した知識をつけていくために、実例を見ながら覚えるようにしてください。当校の国語の授業では、「語彙力を高め、豊かな表現力を身につける」ことを研究主題にしています。単に言葉を暗記させるだけだと、苦手意識をもってしまい、入学後にお子さま自身が苦労してしまうことになりかねません。身の回りのものを利用して、楽しく学んでいけるように工夫しましょう。

【おすすめ問題集】

Ｊｒ・ウォッチャー18「いろいろな言葉」、60「言葉の音（おん）」

問題23　分野：図形（座標）　※第一志望入試

〈準備〉　鉛筆

〈問題〉　左側のマスに書いてある印を、右側のマスの同じ位置に書き写してください。

〈時間〉　各20秒

〈解答〉　省略

［2023年度出題］

アドバイス

本問は、図形分野の座標の問題です。座標とは、図形の位置を模写することを意味します。問題自体の難易度は高くありませんので、単純なミスをしないように注意しましょう。気をつける点としては、一度に全部の記号を写そうとすると、位置を間違えてしまう可能性があります。左右の図を１マスずつ対応させながら、作業を進めていくようにしましょう。初めのうちは、１マスずつ指で追いながら書いていくことをおすすめします。慣れてくると、徐々に目だけで追いながら、正確に模写できるようになります。スピード重視の問題ですので、手際よく照合させて進めていけるように練習を重ねましょう。

【おすすめ問題集】

Ｊｒ・ウォッチャー２「座標」

問題24　分野：観察　※一般入試

〈準 備〉　鉛筆

〈問 題〉　それぞれの四角の中で、他の絵と違うものを探して○をつけてください。

〈時 間〉　各20秒

〈解 答〉　①真ん中　②右から２番目　③左端　④右から２番目　⑤左から２番目
⑥真ん中　⑦右端　⑧左から２番目　⑨左端　⑩左から２番目

［2023年度出題］

アドバイス

絵を見比べて、違う絵を見つける問題です。練習の際、はじめのうちは時間を決めず、他の絵と違うものが見つかるまで解いてみましょう。時間をかけても、「自分で見つける」という体験を積むと、解くことが楽しいと思うようになります。慣れてきたら、徐々に時間を決めて解いていくようにしましょう。このような問題は、先入観をもって取り組んでしまうと、なかなか見つけることができません。端から注意深く、見落としのないように、細部まで観察するようにしましょう。また、この問題は集中力が大きく影響します。周りに気を散らす物を置かないようにするなど、学習環境にも配慮することが大切です。

【おすすめ問題集】
Ｊｒ・ウォッチャー20「見る記憶・聴く記憶」

問題25　分野：推理（迷路）　※第一志望入試

〈準 備〉　鉛筆

〈問 題〉　今からお約束を言うのでよく聞いてください。ネズミさんが線の上を歩きます。進んでいくと、別の道にも行けるところがあります。その場所に警備員さんがいたら曲がります。しかし、警備員さんがいないところはまっすぐ進みます。この時、ネズミさんはどの動物の家に着きますか。その家に○をつけてください。

〈時 間〉　各20秒

〈解 答〉　①クマ　②ウサギ　③クマ　④イヌ　⑤リス

［2023年度出題］

アドバイス

まずは、お約束をしっかりと聞き取ることが大切です。お約束を聞き漏らしたり、混乱して聞き間違えて記憶すれば、解答もすべて間違えてしまいます。最後まで集中して指示を聞くようにしましょう。また、スタートする時は右に向かって進みますが、曲がり角があると進む方向も変わってきます。例えば、⑤の問題では、曲がり角に着くと下に向かって進みます。「警備員さんがいないところはまっすぐ進む」という指示の「まっすぐ」の意味が変わるため、注意が必要です。また、動物の家に○をつけるよう指示が出ています。問題を考える時に、筆記用具で道順をなぞっていると、解答の印が不鮮明だと判断される場合があります。指示以外のことはしないように注意しましょう。

【おすすめ問題集】
Ｊｒ・ウォッチャー７「迷路」

問題26　分野：系列　※一般入試

〈準備〉　鉛筆

〈問題〉　上の四角に描いてある順番でくだものが並んでいます。この時、「？」マークに入るくだものはどれですか。下の四角の中から探して○をつけてください。

〈時間〉　1分30秒

〈解答〉　①バナナ　②カキ　③カキ　④バナナ　⑤カキ

[2023年度出題]

アドバイス

系列の問題です。お子さまはどれくらい正解できたでしょうか。③や⑤は、解答の箇所以外も見えなくなっており、難易度の高い問題です。思考力が必要な問題なので、苦手意識をもつお子さまもいるかもしれません。解きやすい方法を１つ紹介します。まず、順番で並んでいるお約束と各問題の中から、それぞれ１つずつ同じ絵を見つけて、指で押さえます。系列に沿ってそれぞれの指をずらしていくと、絵がお約束によって並んでいることが分かります。目で追いかけながら確認をしていけば、解答を導き出すことができます。はじめのうちは時間がかかりますが、繰り返し練習することで、徐々に慣れていき、指で押さえなくても当てはまる答えが分かるようになります。今のうちに、あらゆる問題に対応できる思考力を養いましょう。

【おすすめ問題集】

Ｊｒ・ウォッチャー６「系列」

問題27　分野：行動観察（集団）　※第一志望入試

〈準備〉　椅子

〈問題〉　この問題の絵はありません。

椅子取りゲームをやります。先生が動物のポーズをするので、その真似をしながら席を立って、今座っていた椅子以外の椅子に座ってください。座れなかったら、真ん中に立ち、別の動物のポーズをしながら質問をしてください。質問はなんでもよいです。その質問に当てはまる人は、動物のポーズをしながら席を立って移動します。ただし、走ってはいけません。

〈時間〉　適宜

〈解答〉　省略

[2023年度出題]

アドバイス

イス取りゲームの問題ですが、「なんでもバスケット」に近い行動観察の課題です。イスに座れなかったからといって、減点されることはありません。保育園や幼稚園などでは、遊びの一環として行うかと思いますので、どうしても騒いだり、ふざけたりしてしまうお子さまもいるかもしれませんが、態度や姿勢なども観点となりますので注意してください。走らないように、との指示も出ています。必ず指示を守り、お友だちとぶつからないように気をつけてください。また、動物のポーズをしっかりとできたでしょうか。恥ずかしがってポーズが控えめになってしまったり、やらなかったりすると、意欲的でないと評価される可能性があります。一生懸命取り組みましょう。

【おすすめ問題集】
Ｊｒ・ウォッチャー29「行動観察」

問題28 分野：行動観察　※一般入試

〈準 備〉 椅子５脚
イヌ、ネコ、ゾウ、クマ、ウサギの絵をそれぞれの背もたれに貼り、椅子を円状に配置する。

〈問 題〉 **この問題の絵はありません。**
５人グループで行う。
イヌ、ネコ、ゾウ、クマ、ウサギの役を決めます。誰がどの動物役をやるか話し合ってください。決めたら、先生に教えてください。
①自分の役と同じ動物の椅子に座ってください。
②全員一つ右の椅子に移動して座ってください。
③今座っている椅子以外の椅子に座ってください。
④初めに座った椅子に戻ってください。

〈時 間〉 適宜

〈解 答〉 省略

[2023年度出題]

アドバイス

行動観察は、取り組む姿勢、意欲などの要素が観点の大きな割合を占める問題と考えられます。最後まで諦めず、一生懸命取り組むように指導してください。また、動物役を決める時は、自分の意見をはっきりと伝えるようにしましょう。もし、やりたい役が被った時は相談し、みんなが納得する形で取り組めることが理想です。話し合いの時に、お友だちを悪く言ったり、自分の意見だけを押し通してはいけません。どのような役になっても、指示を守り、楽しく続けるとよいでしょう。動物役が決まったら、先生に報告しに行きます。自分がどの役をやるのか、大きな声でしっかりと先生に伝えましょう。

【おすすめ問題集】
Ｊｒ・ウォッチャー29「行動観察」

問題29　分野：保護者面接・志願者面接

〈準備〉　なし
（親子同室だが、面接は別々で行う）

〈問題〉　〈保護者へ〉

・園の中でトラブルが起きた時、どのように対処しましたか。
・お子さまがいけないことをした時、どのように対応しましたか。
・家でのお手伝いは何をさせていますか。
・最近、お子さまを褒めたことは何ですか。
・お子さまが言うことを聞かない時、どのようにしますか。
・お子さまが将来YouTuberになりたいと言ったら、どのようにサポートしますか。

〈志願者へ〉

・お名前を教えてください。
・幼稚園・保育園の名前は何ですか。
・お友だちの名前は何ですか。
・お家でのお約束を教えてください。
・最近、お父さんやお母さんに褒められたことは何ですか。
・好きな物語について教えてください。

（問題29の絵を見せる）

・この中でいけないことをしている人は誰ですか。それはどうしていけないのですか。

〈時間〉　保護者・志願者ともに５分程度

〈解答〉　省略

［2023年度出題］

アドバイス

保護者、志願者共に、基本的な内容が多く質問されました。志願者への質問の中に、好きな物語について聞かれますが、題材は絵本に限らず、映画やアニメなどジャンルは問わないそうです。ただ、その作品の題名を答えるだけでなく、どのようなところがどうして好きなのか、しっかりと説明できる必要があります。日頃から、絵本の読み聞かせや映画鑑賞などの後に、どのような場面が印象に残っているか、この作品についてどう思ったかなど、いくつか質問をしてみるとよいでしょう。また、保護者への質問については、最後の質問が想定外だったでしょうか。面接は正解がありませんのでどのように答えても問題はないですが、家庭内で話し合いをし、教育方針を固めておいたほうがよいでしょう。

【おすすめ問題集】

新 小学校受験の入試面接Ｑ＆Ａ、入試面接最強マニュアル、面接テスト問題集
Ｊｒ・ウォッチャー56「マナーとルール」

問題30　分野：お話の記憶　※第一志望入試

〈準備〉　鉛筆

〈問題〉　お話をよく聞いて、後の質問に答えてください。

今日はおじいちゃんの誕生日です。はなこさんはいつも優しいおじいちゃんのことが大好きです。これからお父さんとお母さんと一緒におじいちゃんの家に行って、おじいちゃんの誕生日会をします。はなこさんは、クマが大好きなおじいちゃんに、折り紙でクマを折りました。早くおじいちゃんに渡したくて、朝ごはんのサンドイッチを食べながらソワソワしています。それを見たお母さんが、「まだ家を出るまでに時間があるから、おじいちゃんの好きなクッキーを焼きましょうか。」と言いました。はなこさんは、「いいね。でもおじいちゃんはドーナツも好きだよ。」と言うと、「そうしたら、ドーナツは、おじいちゃんの家に行く途中のドーナツ屋さんで買いましょう。」と言いました。はなこさんは、「そうしよう！」と言い、早速手を洗いました。お母さんに教えてもらいながら、上手に生地を作っていきます。「後は焼くだけね。その間に出かける準備をしておいで。」と言われ、はなこさんは自分の部屋で支度をしました。お気に入りのリボンの髪飾りをつけてリビングに戻ると、とてもいい匂いがしています。クッキーがとてもおいしそうに出来上がりました。おじいちゃんの分が４枚、お父さんとお母さんとはなこさんの分が２枚ずつです。はなこさんは、ますます早くおじいちゃんに会いたくなりました。お父さんが車を運転し、途中でお母さんがドーナツ屋さんに寄って、ドーナツを１人２つずつ買いました。おじいちゃんの家に着くと、おじいちゃんは散歩に出ているようで、留守でした。その間に飾り付けをして、お母さんは料理の準備をしました。家に戻ってきたおじいちゃんはとても驚き、誕生日会は大成功でした。はなこさんが作ったクマの折り紙を渡すと、「おじいちゃんのメガネも描いてくれたのだね。ありがとう。」と、とても喜んでくれました。

（問題30の絵を渡す）

①おじいちゃんの分のクッキーは何枚ですか。一番上の段に、その数だけ〇を書いてください。

②はなこさんの分のドーナツはいくつですか。上から２段目に、その数だけ〇を書いてください。

③お話に出てこなかったものは何ですか。真ん中の段の絵から選んで、〇をつけてください。

④はなこさんが作ったクマの折り紙はどれですか。下から２段目の絵から選んで、〇をつけてください。

⑤ドーナツ屋さんに寄ったのは誰ですか。一番下の段の絵から選んで、〇をつけてください。

〈時間〉　各30秒

〈解答〉　①〇４つ　②〇２つ　③右端（ケーキ）　④右端（メガネを掛けたクマ）
⑤左から２番目（お母さん）

［2022年度出題］

アドバイス

お話の記憶を解くために、「想像力」「記憶力」「理解力」「語彙力」「集中力」が必要であるといわれています。この５つの力は、小学校に入学後も授業で必要な力となります。問題を多く解くだけでなく、読み聞かせの量を増やしたり、多種多様な生活体験を積んだりすることでも５つの力を鍛えることができますので、意識して取り入れてみるとよいでしょう。また、問題を解き終えたら、お子さま自身に答え合わせをさせ、間違えたところは、保護者の方が再度答えの箇所を読んであげてください。自分で正誤を確認することで、理解度が上がり、能動的に問題に取り組むようになります。ぜひ一度試してみてください。

【おすすめ問題集】

1分５話の読み聞かせお話集①②、お話の記憶　初級編・中級編、
Ｊｒ・ウォッチャー19「お話の記憶」

家庭学習のコツ①　「先輩ママのアドバイス」を読みましょう！

本書冒頭の「先輩ママのアドバイス」には、実際に試験を経験された方の貴重なお話が掲載されています。対策学習への取り組み方だけでなく、試験場の雰囲気や会場での過ごし方、お子さまの健康管理、家庭学習の方法など、さまざまなことがらについてのアドバイスもあります。先輩ママの体験談、アドバイスに学び、ステップアップを図りましょう！

問題31　分野：お話の記憶　※一般入試

〈準備〉　鉛筆

〈問題〉　今から読むお話をよく聞いて、次の質問に答えてください。

ネズミさん、ウシさん、キツネくん、ウマくんは、同じ幼稚園に通っている仲良し４人組です。今日は、みんなでキツネくんのおばあちゃんの畑を手伝いに行きます。キツネくんのおばあちゃんの家から、歩いてすぐのところに畑があり、今日は野菜やくだものを採るお手伝いをするのです。畑はとても大きいので、みんなで手分けして作業をすることにしました。キツネくんのおばあちゃんから、「落として傷をつけないように、丁寧に採ってね」と教えてもらい、ウマくんは「桃を採りに行くよ」と言って、カゴを持って行きました。ウシさんはハサミを持って「わたしはきゅうりを採ってくるね」と言い、畑に向かいました。ネズミさんは「バナナを採ってくるね」と言って、バナナの木の方へ歩いて行きました。キツネくんは、おばあちゃんに「みかんが大きくなっているか、見てきてほしい。」と頼まれたので、みかんの木がたくさん植えてある場所に向かいました。すると、カラスがみかんの木に乗っているのが見えました。キツネくんは急いで長い棒を取ってきて、カラスを追い払おうとしました。しかし、カラスは少しするとまたみかんの木に戻ってきて、みかんの実を食べようとします。キツネくんは走って追いかけ、カラスが乗っている枝を叩きました。ようやくカラスは諦めたようで、逃げていきました。キツネくんがおばあちゃんの家に戻ると、他のみんながすでに帰ってきていました。ウマくんは桃を８つ、ウシさんはきゅうりを７本、ネズミさんはバナナを５本採ってきたので、みんなで分けて食べました。採ったばかりの野菜とくだものはとてもおいしかったです。食べ終わった後、みんなでトマト畑に行きました。キツネくんのおばあちゃんが、「好きなだけ採っていいよ。」と言ってくれました。トマトを採った後、キツネくんのおばあちゃんは、「今日は手伝ってくれてありがとう。また、秋になったら稲刈りのお手伝いをお願いね。」と言われて、４人は約束しました。

（問題31の絵を渡す）
①ウシさんがハサミを使った時に、一番関係のあるものを一番上の段の絵から選んで、○をつけてください。
②稲は刈った後、どのようになりますか。上から２段目の絵から選んで、○をつけてください。
③ネズミさんが採ってきたバナナは何本ですか。真ん中の段から選んで、○をつけてください。
④キツネくんが長い棒を使った時に、一番関係のあるものを下から２段目の絵から選んで、○をつけてください。
⑤トマトはどのように育ちますか。一番下の段の絵から選んで、○をつけてください。

〈時間〉　各30秒

〈解答〉　①右から２番目（きゅうり）　②左から２番目（ご飯）　③○５つ
④左端（カラス）　⑤左から２番目

［2022年度出題］

アドバイス

当校のお話の記憶は、数量や常識など、他の分野の複合問題として出題されるのが特徴です。このお話の内容でも、理科の知識が必要になっています。実際に目で見て学ぶのが一番ですが、難しいようであれば、図鑑などの写真でもかまいません。言葉で説明するだけでなく、さまざまな媒体を用いて知識を深めるようにしましょう。また、お話の記憶では、問題を解いている様子を観察し、記憶ができているかの確認をしてください。解答を書く時の線の運び方や解くまでに要した時間は、記憶できているかの結果に表れます。お子さまの様子を観察して、指導する時に役立てるとよいでしょう。

【おすすめ問題集】
1分5話の読み聞かせお話集①②、お話の記憶　初級編・中級編、
Ｊｒ・ウォッチャー19「お話の記憶」

問題32　分野：数量　※第一志望入試

〈準備〉　鉛筆

〈問題〉　絵の中で、２番目に多いものはどれですか。その絵の下の四角に○をつけてください。

〈時間〉　各20秒

〈解答〉　①真ん中　②左端　③左端　④真ん中　⑤真ん中　⑥左端　⑦右端　⑧真ん中　⑨右端　⑩左端

［2022年度出題］

アドバイス

例年、出題されている数量の問題です。「２番目に多いもの」を問われていますが、まずこの指示をしっかりと聞き取らなければ問題を解くことができません。指示を正確に聞き取り、記憶することは、他の問題にも通じる大切なことです。集中して聞くようにしましょう。また、正確に数を数えられることもこの問題を解く上で前提になります。後半の問題になると、バラバラに配置されているため、ランダムに数えるとミスをする可能性が高くなるので、数える方向を決めるようにしましょう。別の手段として、数えたものに簡単に印をつけていく方法もあります。ただ、印が雑になってしまったり、イラストに重なったりすると、判別できないことがあります。そのような事態にならないように注意し、印は決まった位置に小さくつけるなど工夫するようにしましょう。

【おすすめ問題集】
Ｊｒ・ウォッチャー14「数える」

問題33　分野：数量　※一般入試

〈準 備〉　鉛筆

〈問 題〉　（問題33－１を渡す）
２番目に多いものに○をつけてください。
（問題33－２を渡す）
それぞれ、２つの絵を比べたとき、左の絵と右の絵が同じ数だったら一番右の四角の中に△を書いてください。左の方が少ないときは×を、右が少ないときは○を右の四角の中に書いてください。

〈時 間〉　各20秒

〈解 答〉　①真ん中　②左端　③右端　④真ん中　⑤真ん中　⑥○　⑦○　⑧×　⑨△
⑩△

［2022年度出題］

アドバイス

第一志望入試で同分野として出題されている問題32よりも、絵の数が増えています。ミスをしないよう、落ち着いて、慎重に数えるようにしましょう。33-2の問題は、２つの絵の数を比較する問題です。２つの絵を数え、記憶して解答しますが、記号を書く条件もしっかり記憶することです。どちらか１つの数を数え、その分だけもう１つの絵を指で隠します。その時に、ちょうどすべて隠しきれたら同じ数、すべて隠してもまだ数えた方が余るようなら数えた方が多く、隠しきれなかったら数えた方が少ないということが分かります。このやり方は、時間が余った際の見直しとしても利用することができますが、絵がランダムに描かれていた場合、隠すのがむずかしい場合があります。方法の１つとして覚えておくとよいでしょう。また、記号はしっかりと書けているでしょうか。△は頂点が３つあるか、○は書き始めと書き終わりがつながっているかなど、確認をしてください。

【おすすめ問題集】
Ｊｒ・ウォッチャー14「数える」

家庭学習のコツ②　「家庭学習ガイド」はママの味方！

問題演習を始める前に、試験の概要をまとめた「家庭学習ガイド（本書カラーページに掲載）」を読みましょう。「家庭学習ガイド」には、応募者数や試験課目の詳細のほか、学習を進める上で重要な情報が掲載されています。それらの情報で入試の傾向をつかみ、学習の方針を立ててから、対策学習を始めてください。

問題34　分野：常識　※第一志望入試

〈準備〉　鉛筆

〈問題〉　**この問題の絵は縦に使用して下さい。**
関係のあるもの同士を線でつないでください。

〈時間〉　30秒

〈解答〉　下図参照

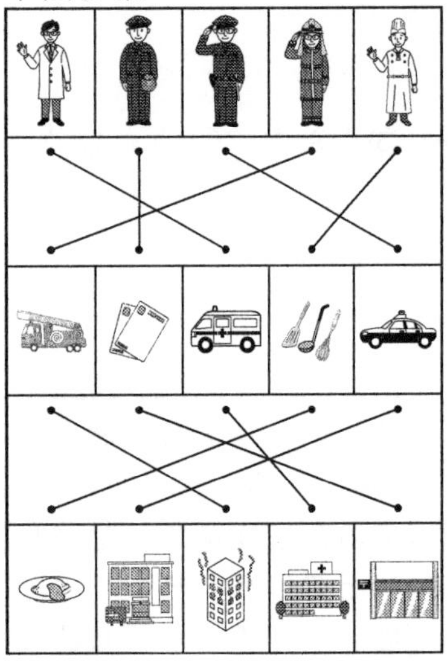

［2022年度出題］

アドバイス

お子さまは一番上の絵を見て、何の職業かすべて分かったでしょうか。職業が分かったとしても、どのような仕事をしているかが分からなければ、この問題は解くことができません。もしこの中に知らない職業があれば、どのような仕事をしているのか、映像や本で調べたり、見学できるようであれば実際に見に行く機会をつくったりするとよいでしょう。また、線は黒丸と黒丸をしっかりと結べているでしょうか。線が長くなると、綺麗に引くのが難しくなります。問題の対策だけでなく、このような細かなところも確認しておいてください。運筆の練習にもなりますので、長い線を引くことに慣れておきましょう。

【おすすめ問題集】
Ｊｒ・ウォッチャー12「日常生活」

問題35　分野：常識　※一般入試

〈準備〉　鉛筆

〈問題〉　左の四角の中に描いてあるものと関係しているものを、右から探して○をつけてください。

〈時間〉　各20秒

〈解答例〉　①真ん中　②左端　③右端　④右端　⑤左端　⑥左端　⑦真ん中　⑧左端　⑨右端　⑩左端

［2022年度出題］

アドバイス

まずは、左の四角の絵と、右の四角の選択肢をそれぞれ確認し、共通する特徴を見つけましょう。先入観を持たずに問題に向き合うことが大切です。このような特徴だろうと予想してしまうと、特徴がなかなか見つからないことがありますので注意してください。また、記号の形も確認してください。きれいな形であれば、正解だと確信して解答していると読み取れますが、不格好だったり、筆圧が弱かったりするようであれば、自信がない可能性があります。そのような問題は、解答が合っていてもしっかりと復習し、知識を定着させるようにしましょう。その際、食材はどのように育つのか、身の回りのものは何からできているのか、どのように使うのかなど、そのものの名前だけではなく、付随する知識まで教えるようにしてください。そうすると、知ることが面白いと思うようになり、好奇心が刺激され、さらに知りたいという欲が芽生え、知識量が増加します。

【おすすめ問題集】
　Ｊｒ・ウォッチャー12「日常生活」、27「理科」、55「理科②」

問題36　分野：図形（回転図形）　※第一志望入試

〈準備〉　鉛筆

〈問題〉　左のマスに描いてある形を矢印の数だけ回転させるとどうなりますか。その絵を右から探して○をつけてください。

〈時間〉　各20秒

〈解答〉　①左端　②右端　③左端　④左から２番目　⑤右から２番目　⑥右端　⑦左端　⑧左端　⑨右から２番目　⑩左端

［2022年度出題］

アドバイス

回転図形の問題です。まず、矢印１つが１回転、矢印２つが２回転を意味し、この問題の絵では右に回転させる、ということを理解できているかを確認しましょう。そして、練習の際は、具体物を使用するのがよいでしょう。手順としては、まず、左の四角の図形と同じような形を作り、四辺を色別に塗ります。１回転させた時に、どの色がどの辺に移動したのか、確認してください。実際に自分の目で確かめることで、位置関係がどのように変わるかが分かり、理解できるようになります。

【おすすめ問題集】
　Ｊｒ・ウォッチャー46「回転図形」

問題37　分野：図形（回転図形）　※一般入試

〈準備〉　鉛筆

〈問題〉　左のマスに描いてある形を矢印の数だけ回転させるとどうなりますか。その絵を右から探して○をつけてください。

〈時間〉　各20秒

〈解答〉　①左から２番目　②右端　③左端　④左から２番目　⑤右から２番目
⑥右から２番目　⑦左から２番目　⑧左端　⑨右端　⑩左から２番目

［2022年度出題］

アドバイス

問題36と同じ回転図形の問題ですが、図形の模様が変わっています。回転図形の問題は、解き終わった後に自分自身で答え合わせをすることをおすすめいたします。その際に、クリアファイルとホワイトボード用のマーカーを用意してください。クリアファイルを左の四角の図形に重ね、上からマーカーでなぞります。矢印の数に応じて回転させ、図形の位置関係の変化を確認してみてください。このように、自分自身で答え合わせをすると、理解度が格段に上がります。実際に自分の手を動かして考えさせるという機会を設けるようにしましょう。

【おすすめ問題集】
Ｊｒ・ウォッチャー46「回転図形」

問題38　分野：推理（迷路）　※第一志望入試

〈準備〉　鉛筆

〈問題〉　あみだくじをします。このとき、★はどの四角に行きますか。★がたどり着く四角に○を書いてください。

〈時間〉　１分30秒

〈解答〉　下図参照

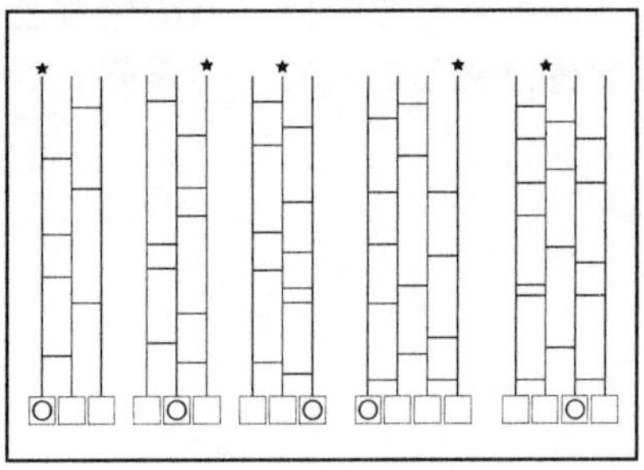

［2022年度出題］

アドバイス

小学校入試では珍しい、あみだくじの問題です。お子さまはあみだくじを知っているでしょうか。語彙を知らないようであれば、どのようなもので、どのような時に使うのか、保護者の方がしっかりと説明してください。練習では、はじめのうちは、保護者の方があみだくじを作って、お子さまに解かせてください。慣れてきたら、お子さま自身に作問させてみるのもよいでしょう。紙とペンさえあれば作れますので、取り入れてみるとよいでしょう。問題集を使用する際は、推理分野の迷路をおすすめします。思考の方法が類似しているため、練習を積むことで対策になります。楽しんで取り組むことで、苦手意識が芽生えにくくなりますので、ぜひ試してみてください。

【おすすめ問題集】

Ｊｒ・ウォッチャー７「迷路」

問題39　分野：推理（迷路）　※一般入試

〈準備〉　鉛筆

〈問題〉　あみだくじをします。線を一本だけ書き足して、●が★の所に行けるようにしてください。この時、線は点線のところだけ引けます。

〈時間〉　２分30秒

〈解答〉　下図参照（太線部分。２本あるものはどちらでも正解）

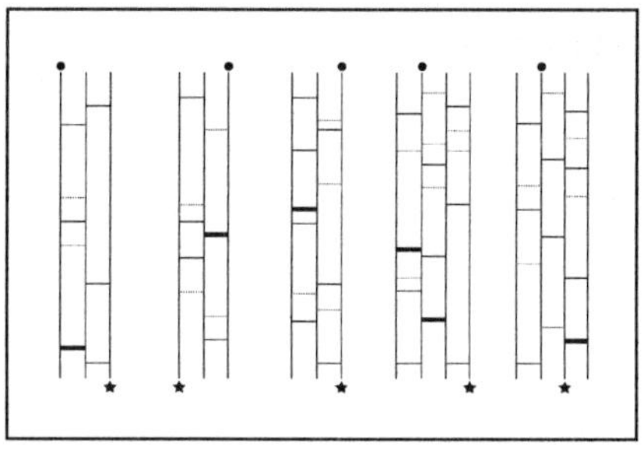

［2022年度出題］

アドバイス

第一志望入試と同じ、あみだくじの問題です。しかし、線を引いて★にたどり着くようにするという、難易度の高い問題になっています。●から考えていくより、★から上に上がって推理していったほうが解きやすいので、試してみてください。それでもなかなか解けないようであれば、保護者の方も一緒に考えたり、ゴールまでの道のりをなぞったりするなど、ヒントを与えてみましょう。また、当校のペーパーテストの筆記用具は鉛筆になっています。点線の上に線を引くので、筆圧が薄いと判別されない可能性もあります。せっかく答えを導き出すことができても、不鮮明という理由で得点にならないのはもったいないので、濃く書くようにしましょう。この機会を利用して、筆記用具の持ち方を今一度確認することも大切です。もし正しい持ち方ができていないようであれば、今のうちに習得しておきましょう。

【おすすめ問題集】

Ｊｒ・ウォッチャー７「迷路」

問題40　分野：行動観察　※第一志望入試

〈準 備〉　なし

〈問 題〉　**この問題の絵はありません。**
今から話す通りに身体を動かしましょう。
①両手を横に広げ、左足を後ろにまっすぐ伸ばします。
②そのまま左足を前に持ってきて、膝を曲げます。膝がお腹につくくらいの高さまであげてください。
③右足も同様に行ってください。

〈時 間〉　適宜

〈解 答〉　省略

［2022年度出題］

アドバイス

サーキット運動の課題です。動作自体は簡単なものですので、あまり特別な対策は必要ありません。正確に指示を聞き取れているか、積極的に取り組んでいるかが観点となります。また、お友だちが課題に取り組んでいる時、他のお友だちと話したり、キョロキョロしたりしていないか、という点も評価対象です。出来栄えよりも、態度や姿勢などを見直し、できていないようなら早いうちから改善するようにしましょう。また、途中で失敗しても、諦めずに取り組む姿勢も大切です。落ち着いて、ねばり強く最後までやり切りましょう。

【おすすめ問題集】
Ｊｒ・ウォッチャー28「運動」、29「行動観察」

問題41　分野：行動観察　※一般入試

〈準 備〉　ビニールテープ
ビニールテープを床に貼る。

〈問 題〉　**この問題の絵はありません。**
８人１グループになる。
「だるまさんが転んだ」ゲームをします。線に横１列で並んでください。
先生がオニ役をやります。先生が後ろを向いている間に、好きな動物の真似をして、先生の方へ進んでください。
先生が振り返った時に動いてしまったら、その場で座ってください。
誰かが先生に触ったら、そこで終わりです。

〈時 間〉　適宜

〈解 答〉　省略

［2022年度出題］

アドバイス

行動観察はペーパーのあとに行われます。内容も、日頃から遊びとして取り組むものですので、集中力が切れて、大きな声を出したり、お友だちと話したりしたくなるかもしれません。しかし、そのような時に最後まで集中して頑張れるかが観点となっています。指示をしっかりと聞き、一生懸命行いましょう。ただ、ふざけるのはよくないですが、楽しんで取り組むことは大切です。もし、先生が振り返った時に動いてしまっても、大きな問題はありません。指示を聞いている時の姿勢や態度に注意して、積極的に頑張りましょう。

【おすすめ問題集】

Ｊｒ・ウォッチャー29「行動観察」

問題42　分野：保護者面接・志願者面接

〈準　備〉　なし

〈問　題〉　〈保護者へ〉
・園の中でトラブルが起きた時、どのように対処しましたか。
・本校に期待することは何ですか。
・コロナ禍ではどのように過ごしましたか。
・子育てで気をつけていることは何ですか。
・お子さまが言うことを聞かない時、どのようにしますか。
・関心のある社会問題について、簡単に教えてください。

〈志願者へ〉
・お名前を教えてください。
・幼稚園・保育園の名前は何ですか。
・お友だちの名前を教えてください。
・お家でのお約束を教えてください。
・最近、１人でできるようになったことは何ですか。
・好きな遊びは何ですか。

（問題42の絵を見せる）
・この中でいけないことをしている子は誰ですか。それはどうしていけないのですか。

〈時　間〉　保護者・志願者ともに５分程度

〈解　答〉　省略

［2022年度出題］

家庭学習のコツ③　効果的な学習方法～問題集を通読する

過去問題集を始めるにあたり、いきなり問題に取り組んではいませんか？　それでは本書を有効活用しているとは言えません。まず、保護者の方が、すべてを一通り読み、当校の傾向、ポイント、問題のアドバイスを頭に入れてください。そうすることにより、保護者の方の指導力がアップします。また、日常生活のさまざまなことから、保護者の方自身が「作問」することができるようになっていきます。

アドバイス

保護者面接、志願者面接ともに、例年、基本的なことが聞かれています。学校への理解度が高いことをアピールしようと、学校のことを多く話す方もいらっしゃいますが、面接は知識を述べる場ではありませんので注意してください。回答の内容は短くまとめ、形に囚われすぎず、目を見て話すことを心がけるとよいでしょう。また、途中で詰まってしまっても、減点の対象にはなりません。焦らず、落ち着いて話すようにしましょう。着飾ったことを話そうとするのではなく、今までの子育てや教育方針などを、自信を持って面接官に伝えましょう。

【おすすめ問題集】

新 小学校受験の入試面接Q＆A、入試面接最強マニュアル、面接テスト問題集
Ｊｒ・ウォッチャー56「マナーとルール」

問題43　分野：記憶（お話の記憶）　※一般入試

〈準　備〉　鉛筆

〈問　題〉　お話がすぐ始まりますから、よく聞いて覚えましょう。

ある天気のよい日曜日、ウサギさんとネコさんとサルくんは、公園へ遊びに行くことにしました。待ち合わせに１番乗りをしたサルくんが待っていると、まもなくネコさんとウサギさんもやってきました。
みんなは最初にすべり台で遊びました。それからブランコに乗って遊びました。最初はネコさんとウサギさんがブランコに乗って、サルくんは背の低いウサギさんのブランコを押してあげました。それからウサギさんはサルくんと交代して、今度はウサギさんがサルくんを押してあげました。ブランコが終わると、みんなはとてもお腹が空いてきたことに気が付きました。公園の真ん中に大きな木があって、その下にベンチがあったので、そこでお昼ごはんを食べることにしました。おいしいおにぎりをたくさん食べて、すぐにお腹いっぱいになりました。お昼ごはんの後、サルくんは大きな木に登って、公園の中を見回しました。すると、公園の１番奥に、大きな砂場があるのを見つけました。サルくんは急いで木から降りて、「ねえねえ、砂場でトンネルを作らない？」と、ウサギさんとネコさんに言いました。ウサギさんとネコさんはとてもよろこんで、「わたし、お城が作りたいわ」「わたしは、大きなプールが作ってみたい」と言ったので、みんなスキップで砂場に行きました。楽しく砂遊びをしていると、だんだん夕方になってきました。けれども、夢中で遊んでいた３匹は、空が夕焼け色になってきたことにも気付きません。「ここにいたの。もう夕方よ、帰りましょう」突然声をかけられて、みんなはとてもびっくりしました。見上げると、ネコさんのお母さんが、お迎えに来ていました。みんな急いでお片付けをして、手を洗って、ネコさんのお母さんといっしょにお家に帰りました。楽しい１日でした。

（問題43の絵を渡す）
①お話に出てこなかった動物は、次の中のどれですか。○をつけましょう。
②最初に公園に来たのは誰ですか。○をつけましょう。
③みんなが遊んだ公園にはなかったものは、次の中のどれですか。○をつけましょう。
④みんながお昼ごはんに食べたものは、次の中のどれですか。○をつけましょう。

〈時　間〉　各30秒

〈解　答〉　①右端（ライオン）　②右端（サル）　③右から２番目（ジャングルジム）
④左端（おにぎり）

［2021年度出題］

アドバイス

当校のお話の記憶の問題は、標準的な長さでやさしい語り口の聞き取りやすいものです。ストーリーはさほど複雑なものではないので、しっかりと聞いていればよく理解できるでしょう。質問されることも、登場人物や場面の中で出てきたものなど、お話を理解して聞いていれば簡単に答えられるものばかりです。注意したいのは、「出てきていない動物」「そこにないもの」を選ばせるという質問の形式です。質問を最初の方だけ聞いて、出てきた動物やものに○をつけないように気を付けましょう。質問の最後までしっかり聞いて、早とちりをせずに落ち着いて答えれば、正解が選べると思います。日頃から、読み聞かせの中で、誰が誰とどこで何をしたか、それでどんな気持ちになったか、といったことを確認する習慣をつけておきましょう。

【おすすめ問題集】

1話5分の読み聞かせお話集①・②、お話の記憶 初級編・中級編・上級編、
Ｊｒ・ウォッチャー19「お話の記憶」

問題44　分野：言語（しりとり）　※一般入試

〈準 備〉 鉛筆

〈問 題〉 問題の絵を見てください。一番長くしりとりをつないだ時につながらない言葉が1つあります。その言葉を表す絵に○をつけましょう。

〈時 間〉 各30秒

〈解 答〉 ①左から２番目（リンゴ）　②右端（カニ）　③左端（たいこ）
④真ん中（キノコ）　⑤左から２番目（くじら）　⑥左端（コアラ）

［2021年度出題］

アドバイス

しりとりの順番を考えて言葉をつないだうえで、使わなかったものを選ばせる問題です。ポイントは、使わなかった言葉を１つ選ぶことです。２つ使わない言葉がある時は、使わない言葉を探しながら並べ直すスピードが必要になります。使わない言葉が１つだとわかっている場合は、いろいろと言葉を頭の中で並べ替え、組み合わせを試してみることが楽しめればかなり得意になる問題です。名前の言葉の最初と最後の文字でどんな言葉がつながっているか、意外性を楽しみながら練習するとよいでしょう。

【おすすめ問題集】

Ｊｒ・ウォッチャー49「しりとり」

問題45　分野：図形（重ね図形）　※一般入試

〈準　備〉　鉛筆

〈問　題〉　透き通った紙に直線で絵を描きました。その絵を左側と右側が真ん中にぴったり重なるように３つ折りにします。すると、どんなふうに見えるでしょうか。正しいものを右の絵の中から選んで○をつけましょう。

〈時　間〉　各30秒

〈解　答〉　①左端　②右から２番目　③左から２番目　④右から２番目　⑤左端
⑥左から２番目　⑦右端　⑧左端　⑨右から２番目　⑩右から２番目

［2021年度出題］

アドバイス

２つの図形を重ねる問題は、さまざまな学校で出題されている頻出分野ですから、そこまではお子さまも慣れているのではないでしょうか。けれども、今回は観音開きを閉じるような３つ折りの問題です。つまり、１枚の紙を３等分した真ん中の部分に、左側と右側を裏返しにして重ねるのです。どこが境目の折り線なのか、よく見極めて図を頭の中で動かしてみましょう。毎年の例にもれず、やさしい問題から徐々に難しい問題になるように並べてあります。すぐには解けないものがあっても、くじけずによく考えて挑戦してみてください。どうしてもだめな場合は、紙に書き写して３つ折りにしてみましょう。思いがけない図形になった時は、なぜそうなるのかをよく見て、図形がどのように移動しているのか、よく考えてみてください。

【おすすめ問題集】
Ｊｒ・ウォッチャー35「重ね図形」

問題46　分野：推理（シーソー）　※一般入試

〈準　備〉　鉛筆

〈問　題〉　ウマ１頭は、イヌ２匹と同じ重さです。イヌ１匹は、ネズミ３匹と同じ重さです。下の段の左側に描いてある動物たちと同じ重さになる組み合わせを、右側の絵から選んで○をつけましょう。

〈時　間〉　各30秒

〈解　答〉　①右端　②右端　③左から2番目　④左端　⑤右端　⑥右端

［2021年度出題］

アドバイス

置き換えて考える問題です。約束を示すシーソーの絵から、どの動物がどの動物に変換されるのか、種類だけでなく数の釣り合いも考えながら、質問に答えていきましょう。特に注意したいのは、ウマとネズミのように、直接約束が示されていない組み合わせです。ウマ１頭がイヌ２匹と置き換えられることと、イヌ１匹がネズミ３匹と置き換えられることから、ウマ１頭はネズミ６匹と置き換えられることがわかります。このように、段階を踏んで置き換えの約束を考え、きちんと数えていけば、確実に正解できます。練習を繰り返して、解き慣れておけば確実に正解できますので、根気よく取り組みましょう。

【おすすめ問題集】
　Ｊｒ．ウォッチャー33「シーソー」

問題47　分野：数量（ひき算）　※一般入試

〈準備〉　鉛筆

〈問題〉　左の絵は、動物とその動物の好きなものです。どちらか足りない方を選んで、足りない数だけ右の絵の四角に○を書きましょう。

〈時間〉　各30秒

〈解答〉　①骨に○：３　②魚に○：７　③バナナに○：２　④ドングリに○：４
⑤肉に○：２　⑥ニンジンに○：６　⑦ユーカリに○：６　⑧リンゴに○：７
⑨ニンジンに○：３　⑩チーズに○：８

［2021年度出題］

アドバイス

ひき算の問題です。それぞれの数を数えてひき算するのももちろんよいやり方ですが、それが難しくても、動物に好物を公平にあげるにはどうしたらよいか、１対１対応で印をつけて数えてみると、どちらがいくつ足りないのかがすぐにわかります。当校の問題の特徴は、10に近い数を数えさせていることです。この問題もやさしいものから少しずつ難しくなるように並べられていますから、一番最後の問題が一番難しいのですが、この問題は繰り下がりのひき算です。暗算でできるようにしておく必要はありませんが、ネズミとチーズを結びつけて数えていく作業をスムーズに手早くできるように、よく練習しておきましょう。

【おすすめ問題集】
　Ｊｒ・ウォッチャー38「たし算・ひき算１」、39「たし算・ひき算２」

問題48　分野：行動観察

〈準 備〉　テープ
床に貼る。

〈問 題〉　この問題の絵はありません。
【課題１】集団行動（10人のグループに分かれる）
先生がお手本を見せるので、それをよく見て振りつけを覚えてください。その後で、曲に合わせて踊ります。

【課題２】グループ活動
先生が鬼になって、「ダルマさんがころんだ」をします。鬼に捕まった子どもが10人になったら、10人で手をつないだまま走ってテープに向かってゴールします。ゴールできない時も反応を見ます。

〈時 間〉　適宜

〈解 答〉　省略

［2021年度出題］

アドバイス

第一志望入試と一般入試では内容が違いますが、５～10人程度のグループで２種類の課題を行う点は同じです。集団行動においては、自分だけ課題ができていればよいというものではありません。行動観察は、入学後の集団生活を意識した出題だからです。ですから、みんなといっしょに課題に取り組むことが、合格には必要だと言えるでしょう。大切なことは、うまくいかなかった時にもどうするか、反応を見ているということです。ショックを引きずらず、あきらめずに粘り強く取り組む姿勢を見せることが大切です。そのためには、日頃からお子さまが失敗した時にも、前向きに捉えられる声がけを意識して行うことです。

【おすすめ問題集】
新運動テスト問題集、Ｊｒ・ウォッチャー28「運動」

問題49　分野：行動観察（集団ゲーム）

〈準備〉　《第一志望》なし
　　　　　《一般》傘、傘立て

〈問題〉　【保護者の方へ】
・最近、お子さまが１人でできるようになったことは何ですか。
・お子さまの名前は、どのような思いでつけましたか。
・お子さまは、ご家庭でどのようなお手伝いをしていますか。
・本校を志望した理由をお答えください。
・社会人として大切なことは、何だとお考えですか。

【志願者へ】
・最近、１人でできるようになったことは何ですか。
・この学校の名前を答えてください。
・お友だちと遊びに行く時、お家の人に何と言いますか。

《第一志望》
（問題49の絵を見せる）
絵を見てください。この男の子は悪いことをしています。何が悪いのか教えてください。その後、どうして悪いのか説明してください。

《一般》
（あらかじめ用意した傘を、広げた状態で志願者に渡す）
この傘を傘立てにたたんで入れてください。

〈時間〉　保護者、志願者ともに５分程度

〈解答〉　省略

［2021年度出題］

アドバイス

面接は行動観察の後に行われました。保護者の方と志願者が、別々の部屋に入り、質問に答える形式でした。志願者のみ、作業の課題があり、絵を見て質問に答えたり、渡された道具を使ったりする、口頭試問形式の問題がありました。質問の内容は、保護者、志願者ともに、考え方に関するものが多かったようです。保護者の方への質問は、お子さまをよく観ているか、お子さまに将来どんな子に育ってもらいたいか、といった点に注目しています。お子さまの成長をしっかりと見守り、入学後に小学校の方針に協力してくれるかどうかを確かめているようです。志願者への質問は、１人でできることをやろうとする自立心や、遊びに行く前に一言かける、お子さまの人間性を観ているようです。
第一志望入試では、作業の課題においてマナーの問題が出題されます。ここ数年は、口頭試問形式による出題です。悪いことを指摘するだけでなく、なぜその行動が悪いのか、お子さまの考えも説明しなくてはいけません。マナーを教える時は、単に良し悪しを決めつけるだけでなく、なぜその行動が悪いのか、理由も含めて教えるようにしてください。一般入試の作業も、マナーに関する出題です。多くの人が傘を傘立てに入れられるように、傘をきれいにたたんで入れる習慣を身に付けておきましょう。畳む前に水を切る時も、ほかの人に水がかからないようにできるとよいでしょう。

【おすすめ問題集】
新 小学校受験の入試面接Ｑ＆Ａ、面接テスト問題集、入試面接最強マニュアル
Ｊｒ・ウォッチャー56「マナーとルール」

問題1

①

②

③

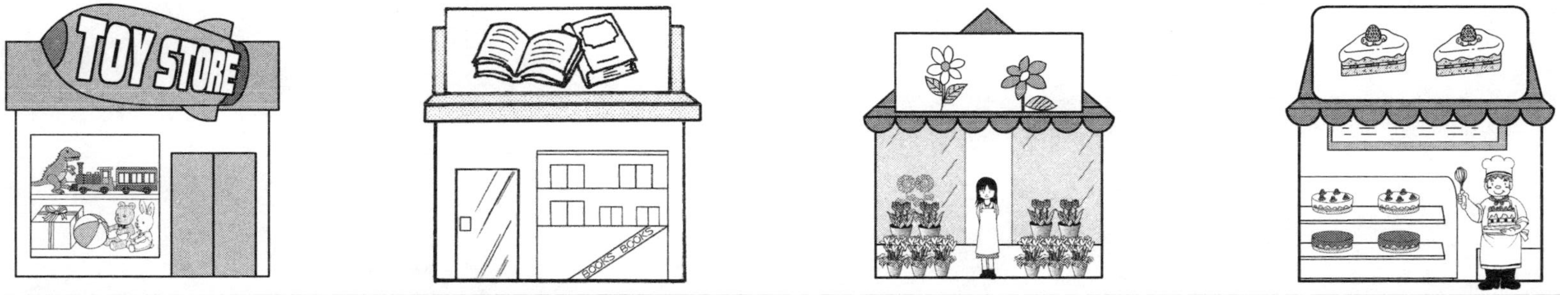

④

⑤

 無断複製／転載を禁ずる

日本学習図書株式会社

問題2

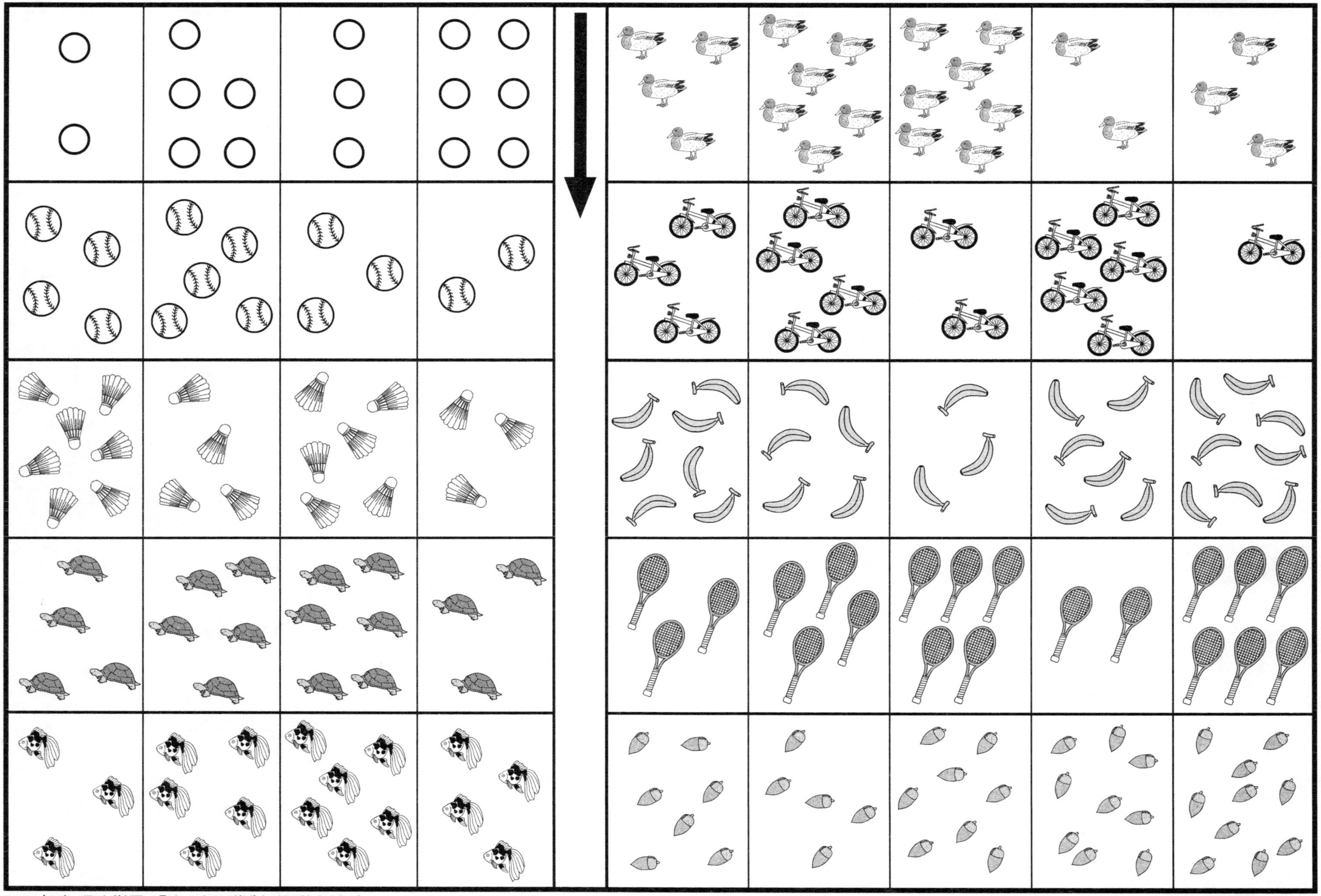

 無断複製／転載を禁ずる

日本学習図書株式会社

日本学習図書株式会社

2025 年度 日出学園 過去 無断複製／転載を禁ずる

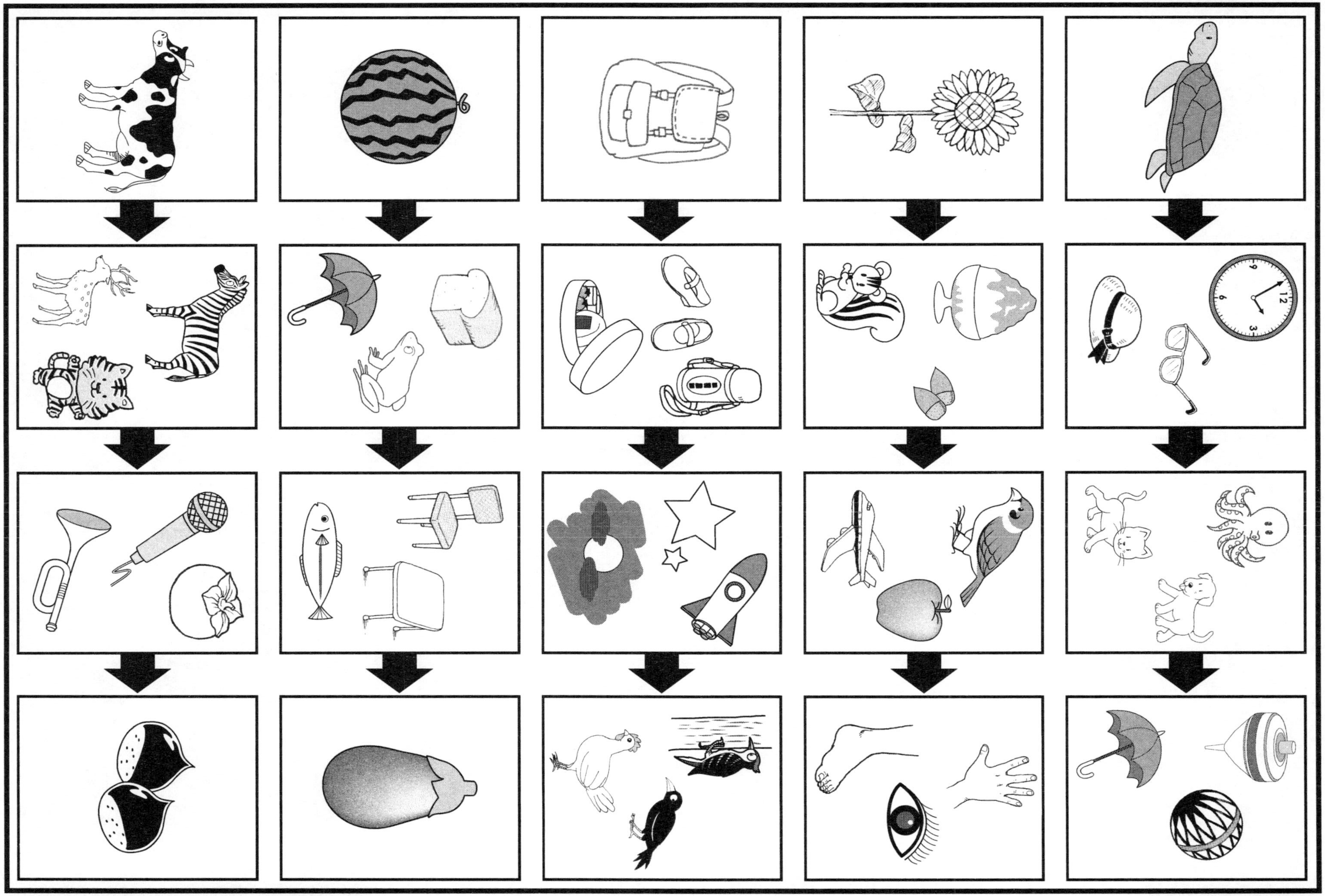

2025 年度 日出学園 過去 無断複製／転載を禁ずる 日本学習図書株式会社

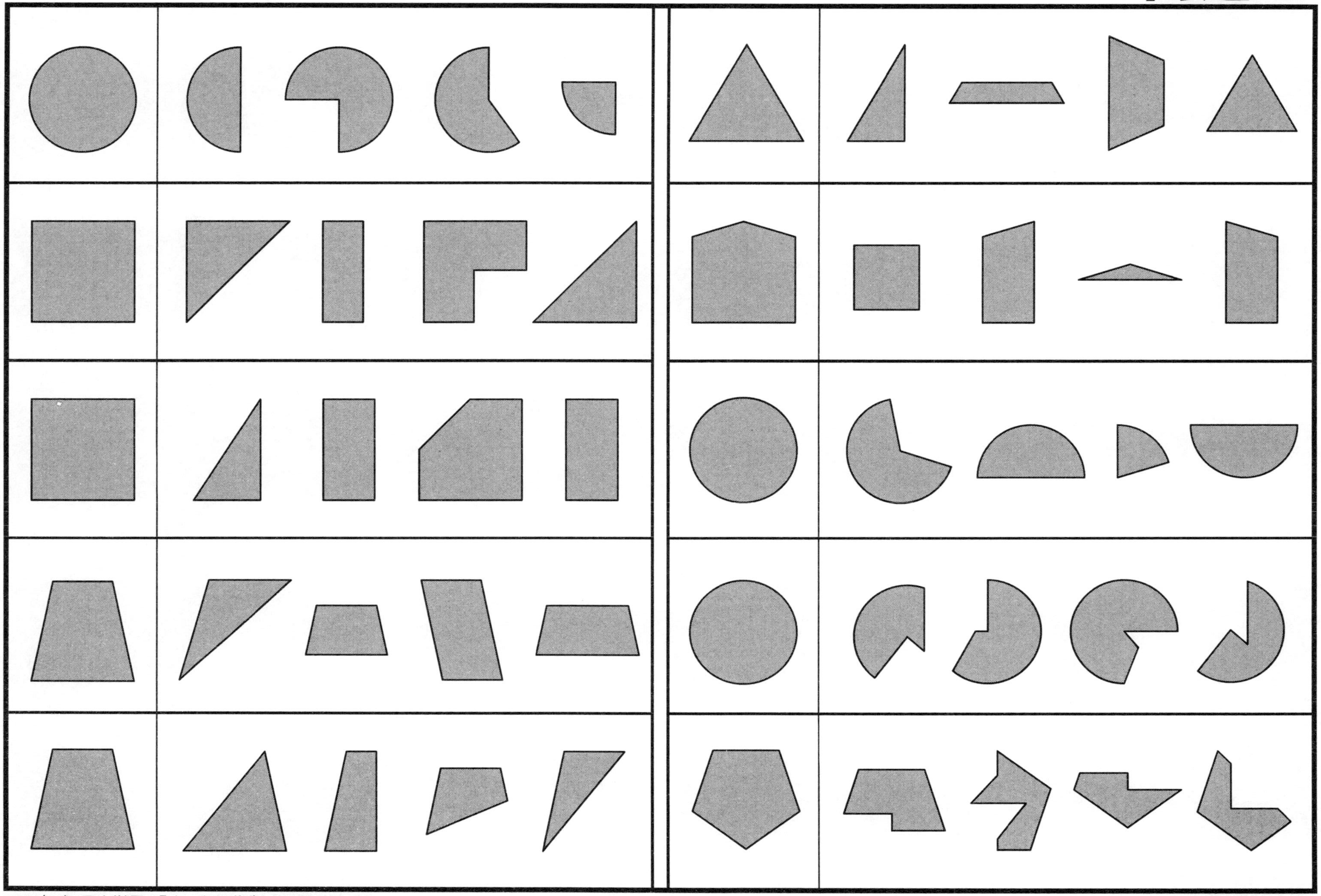

2025 年度 日出学園 過去 無断複製／転載を禁ずる

日本学習図書株式会社

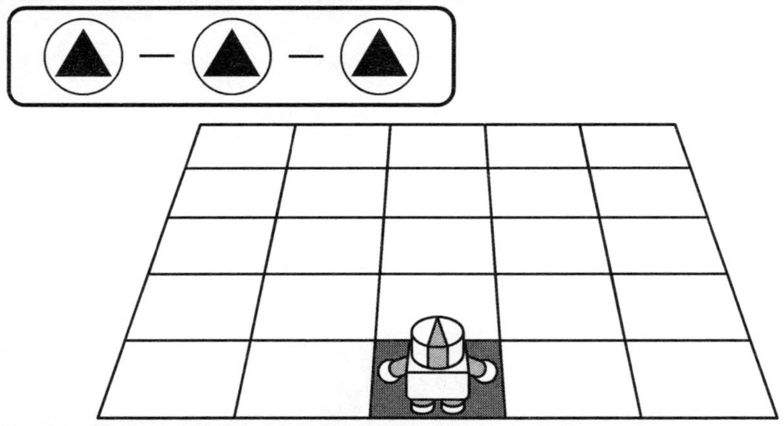

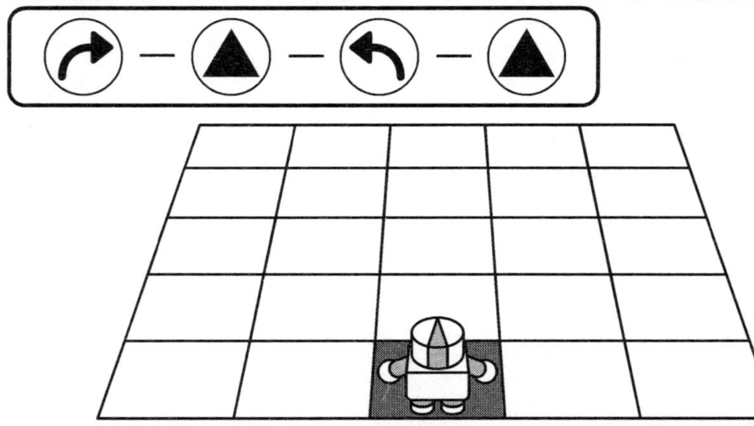

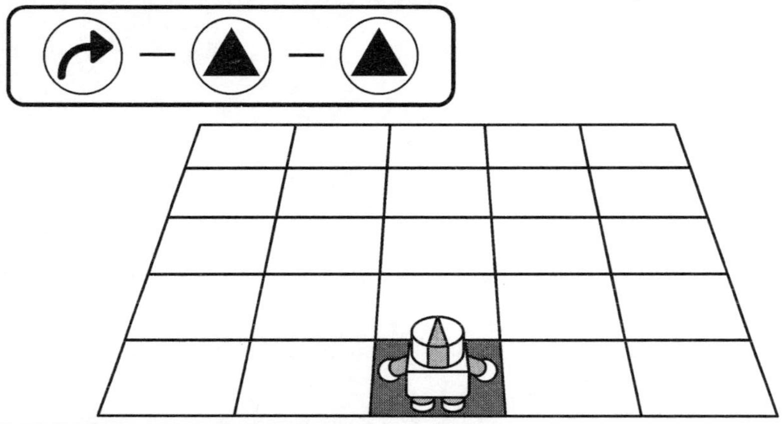

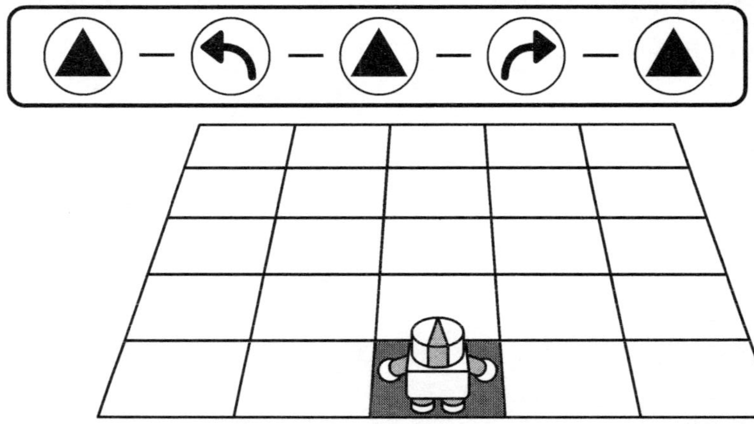

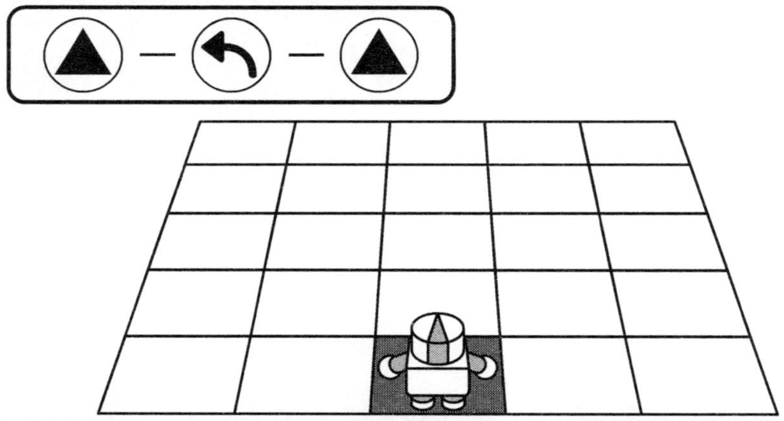

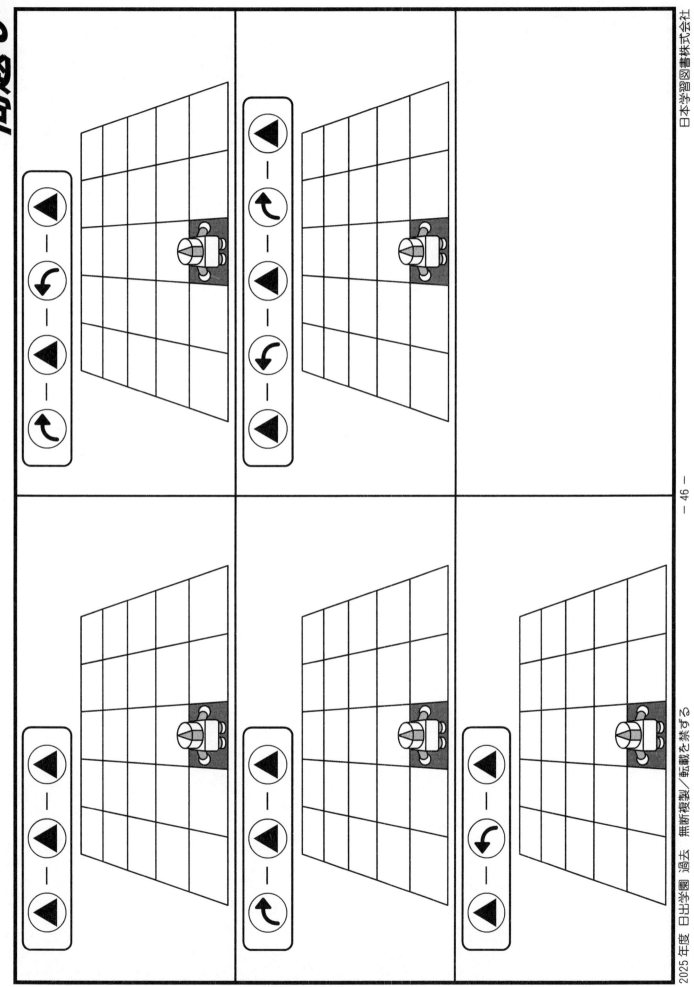

問題6

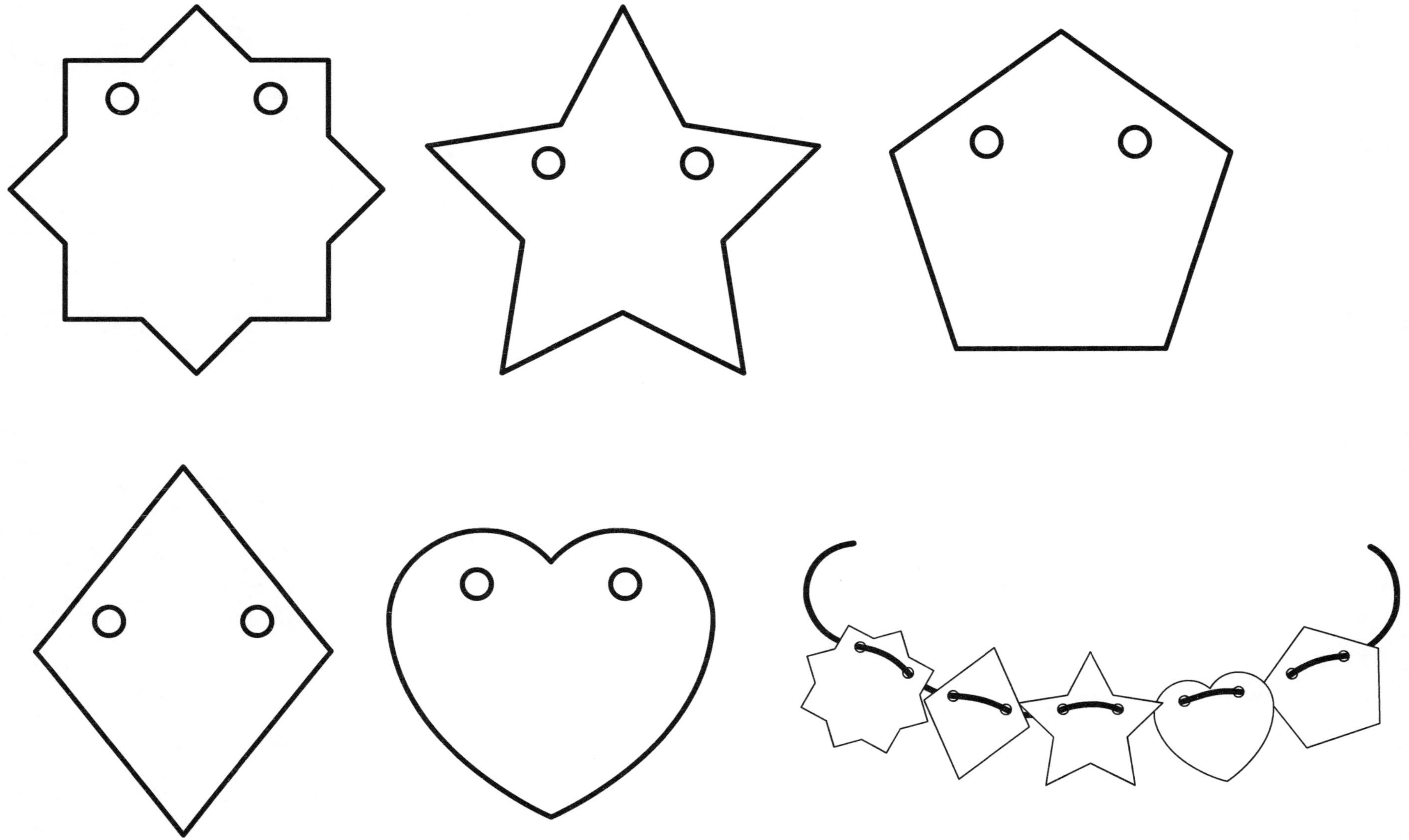

 無断複製／転載を禁ずる

日本学習図書株式会社

問題7

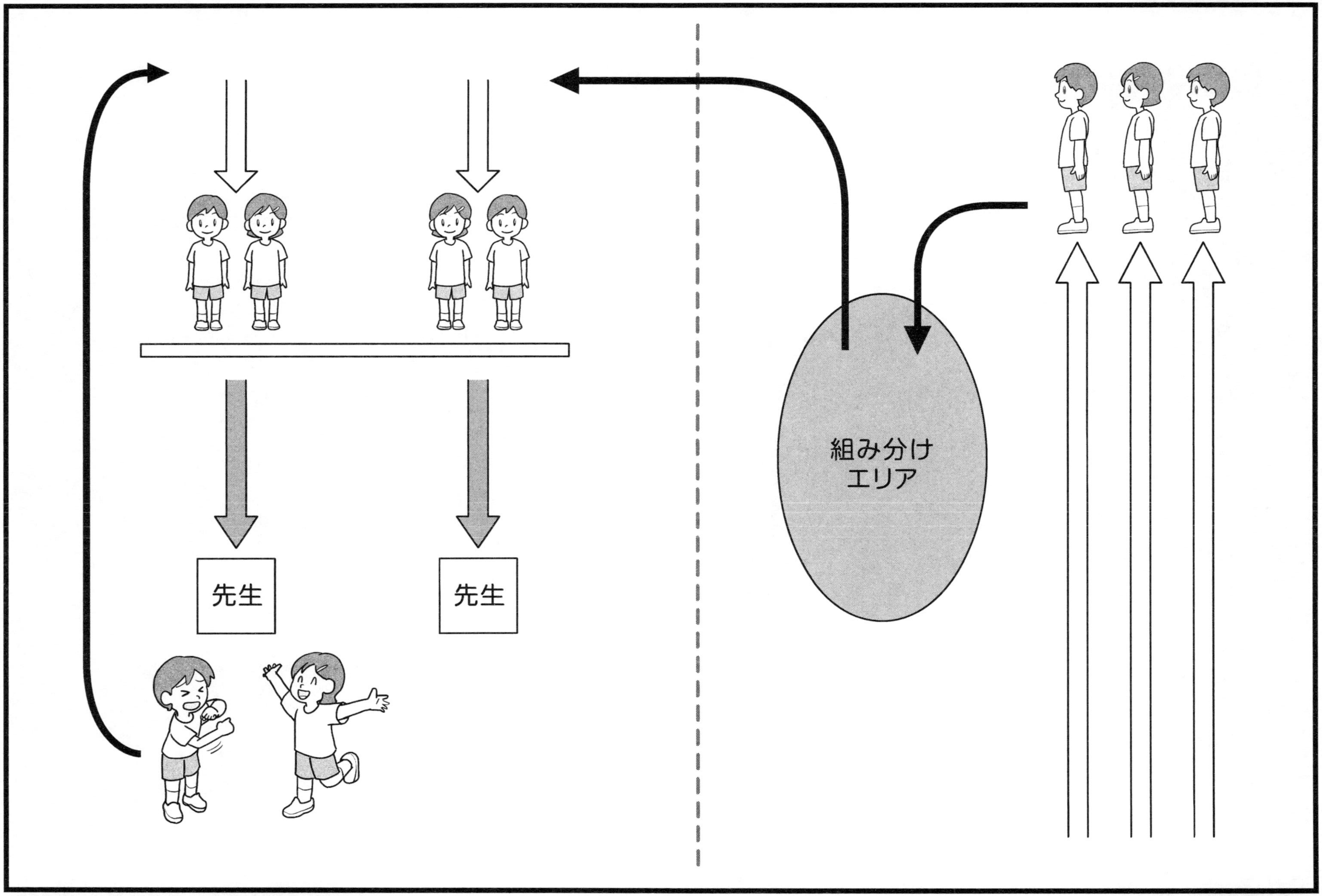

 無断複製／転載を禁ずる

日本学習図書株式会社

2025 年度 日出学園 過去 無断複製／転載を禁ずる 日本学習図書株式会社

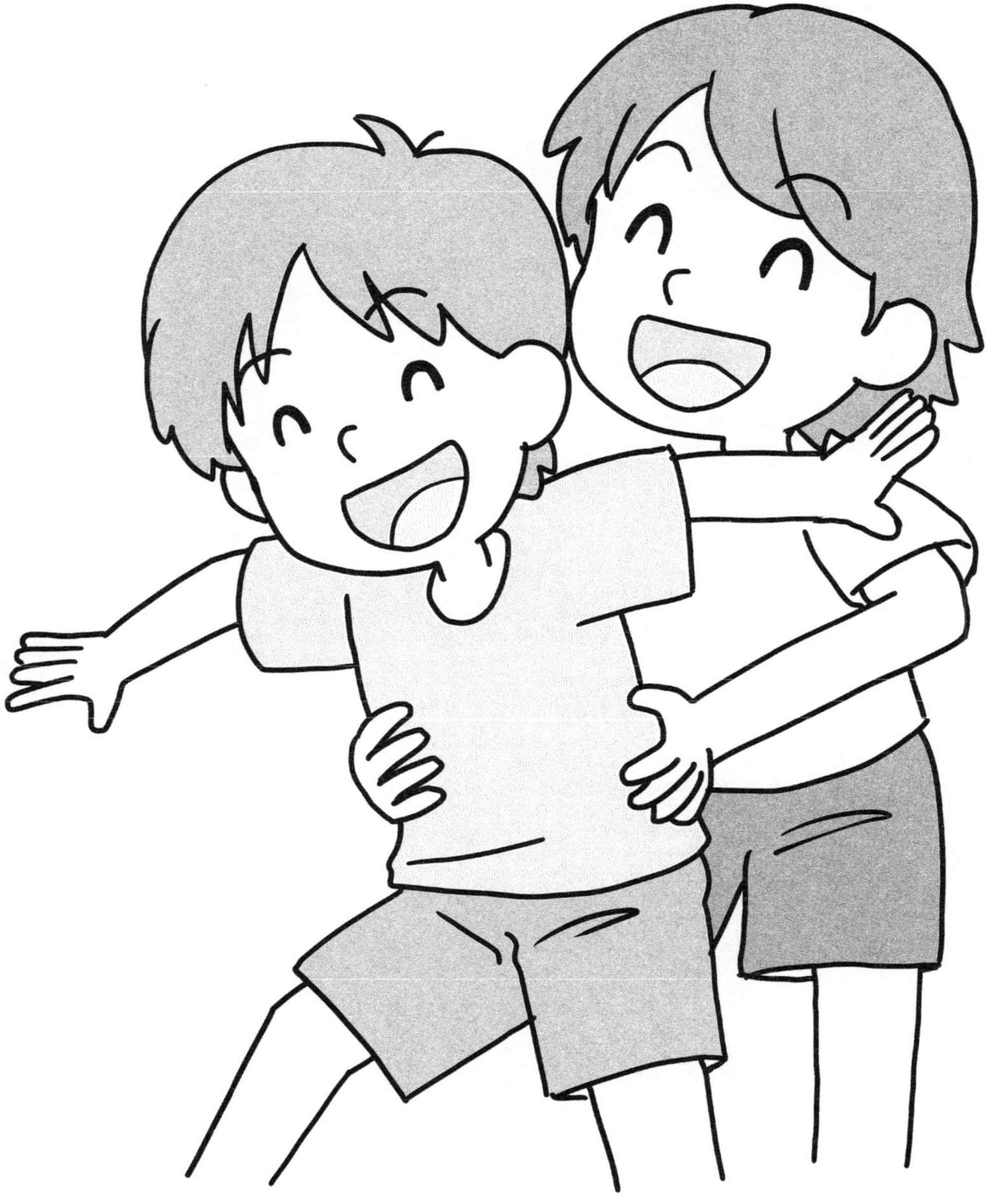

2025年度 日出学園 過去 無断複製／転載を禁ずる

日本学習図書株式会社

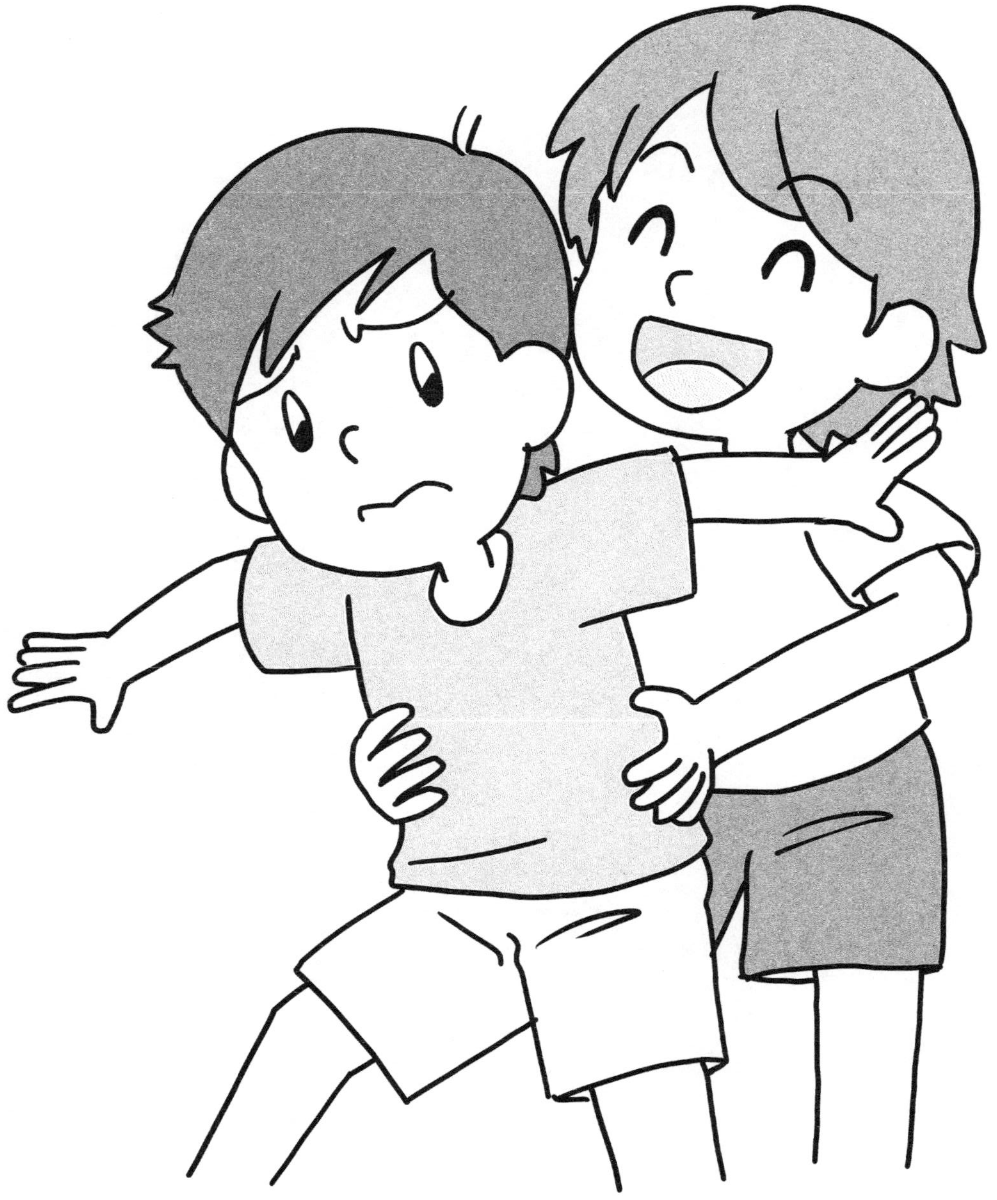

2025 年度 日出学園 過去 無断複製／転載を禁ずる

日本学習図書株式会社

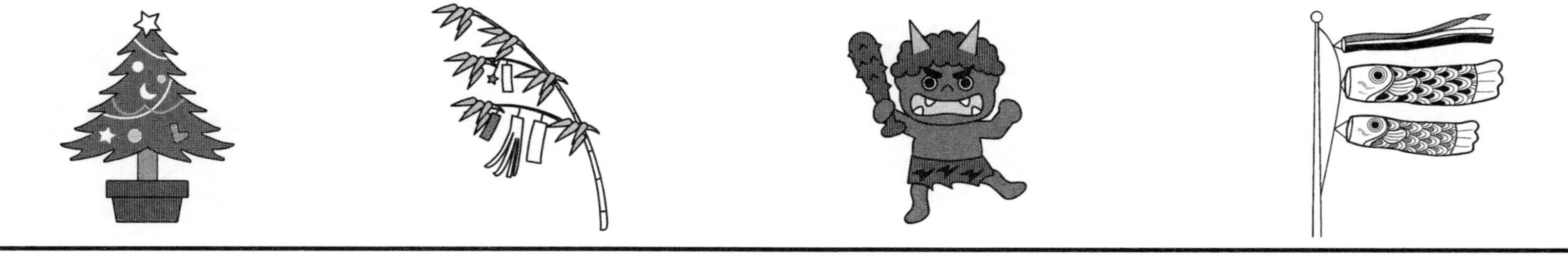

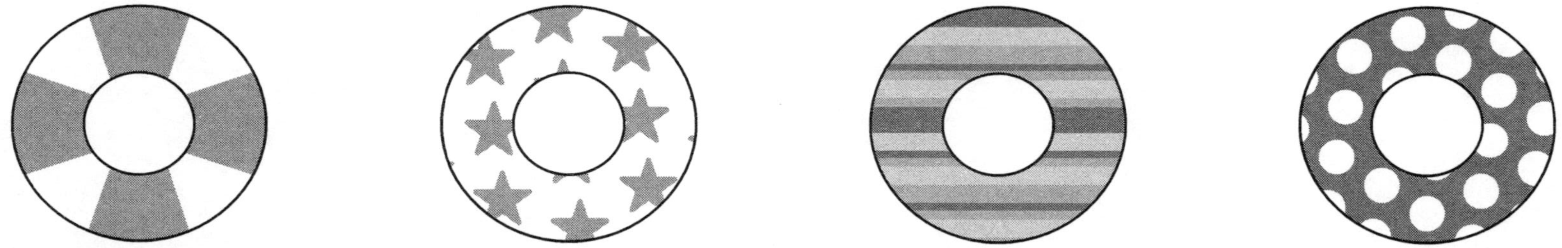

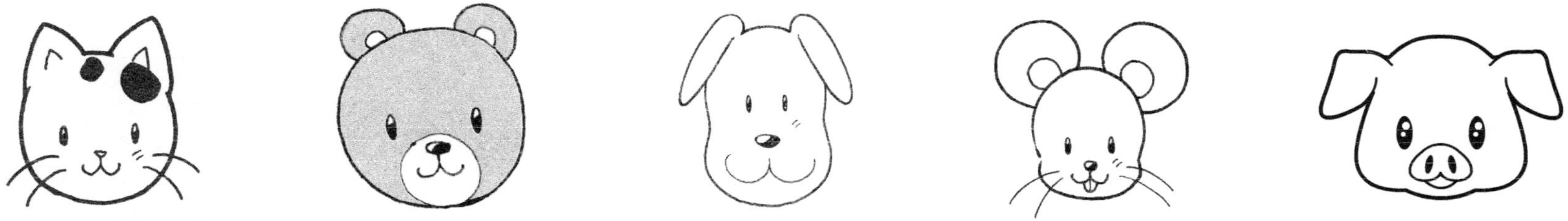

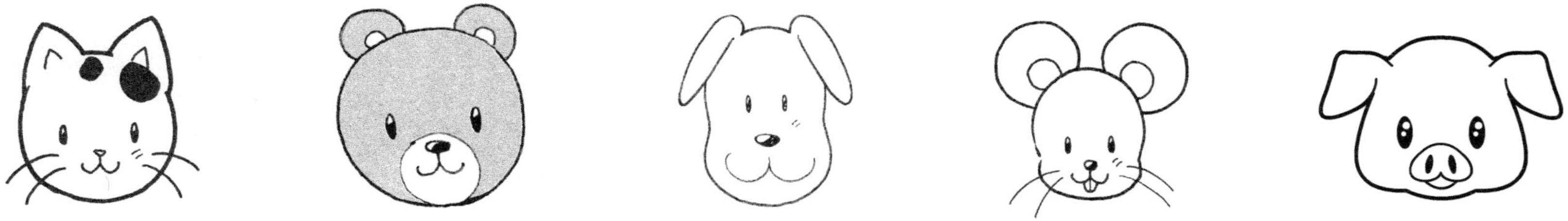

問題１０

①

②

③

④
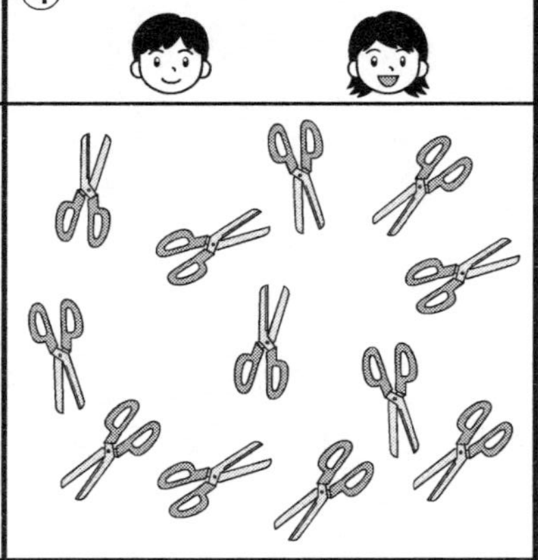

⑤

⑥

⑦

⑧

⑨
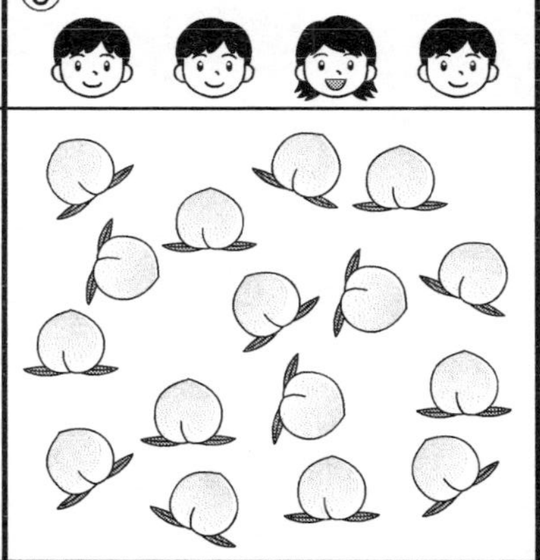

⑩
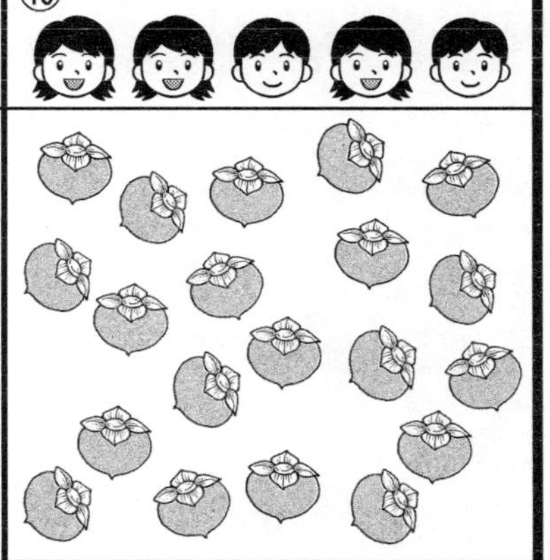

日本学習図書株式会社

2025 年度 日出学園 過去 無断複製／転載を禁ずる

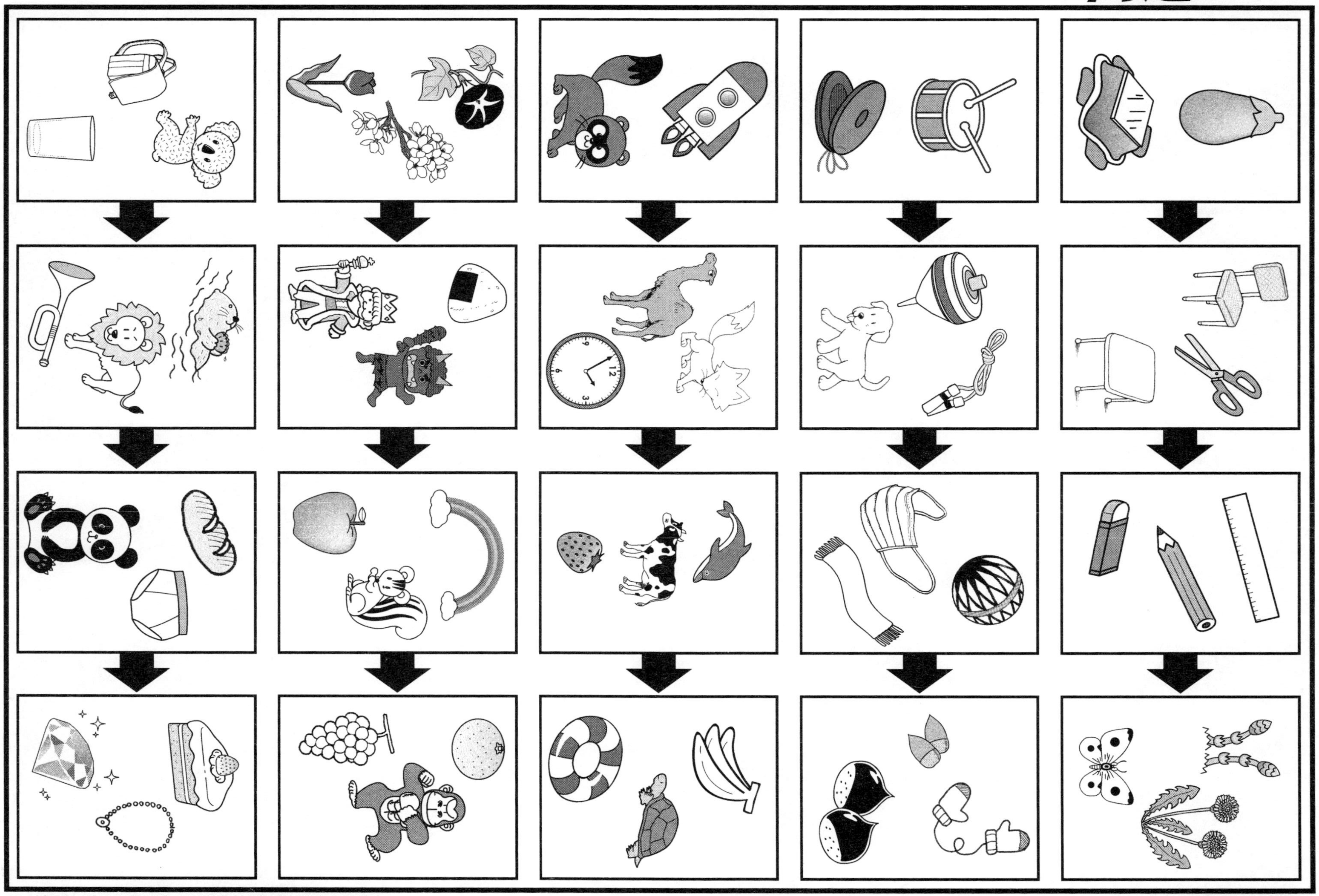

2025 年度 日出学園 過去　無断複製／転載を禁ずる　　　　　　　　日本学習図書株式会社

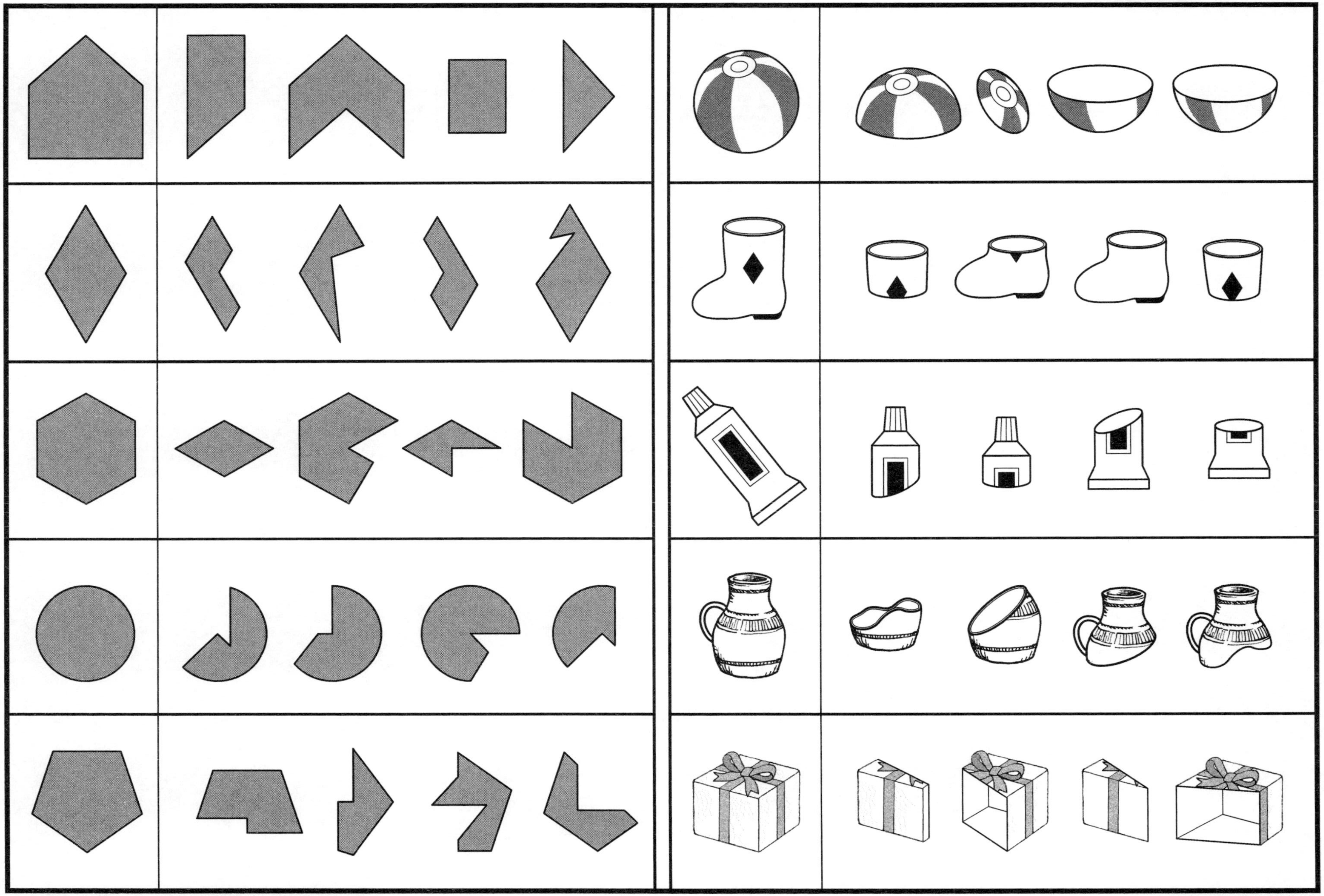

2025 年度 日出学園 過去 無断複製／転載を禁ずる　日本学習図書株式会社

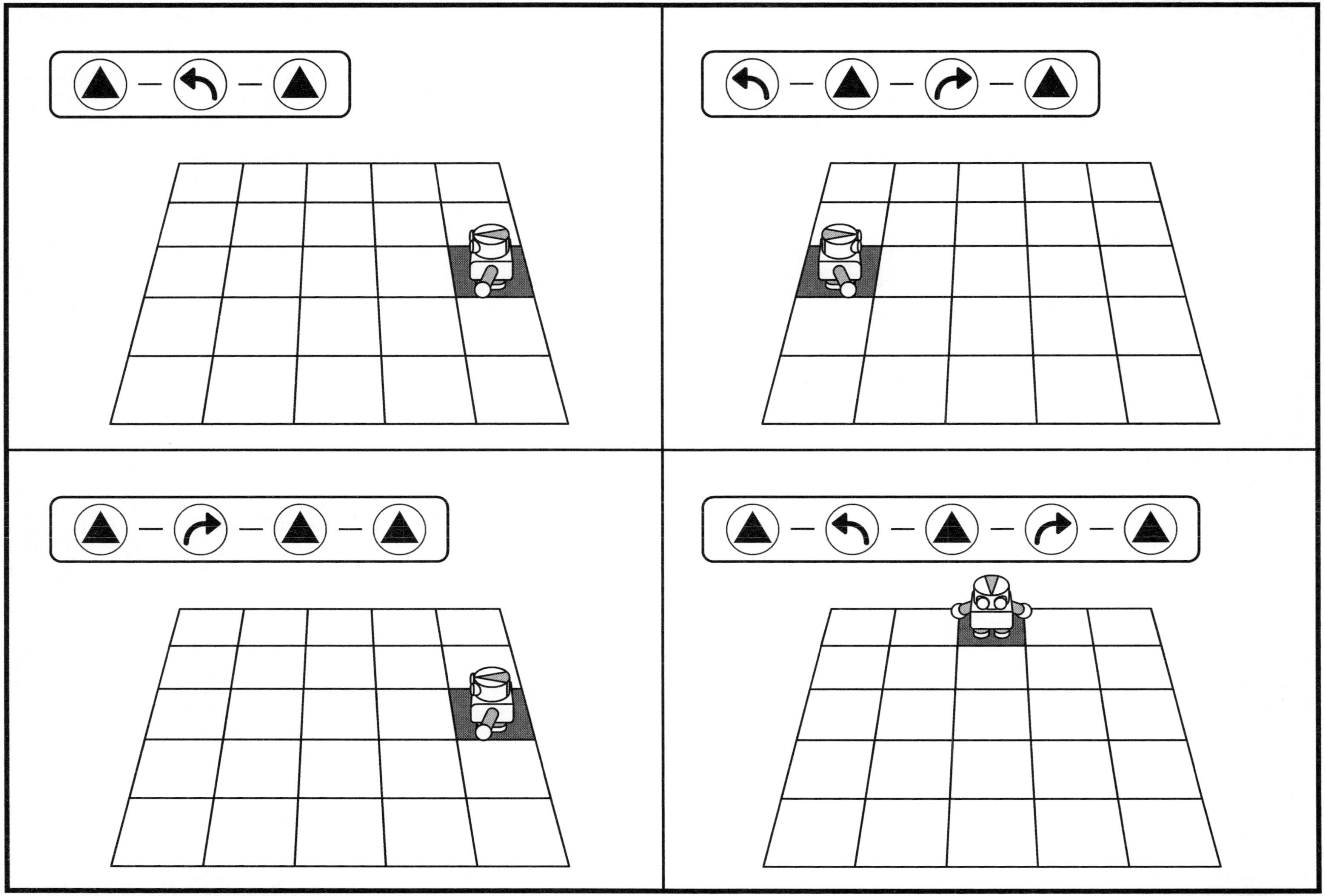

2025 年度 日出学園 過去 無断複製／転載を禁ずる 日本学習図書株式会社

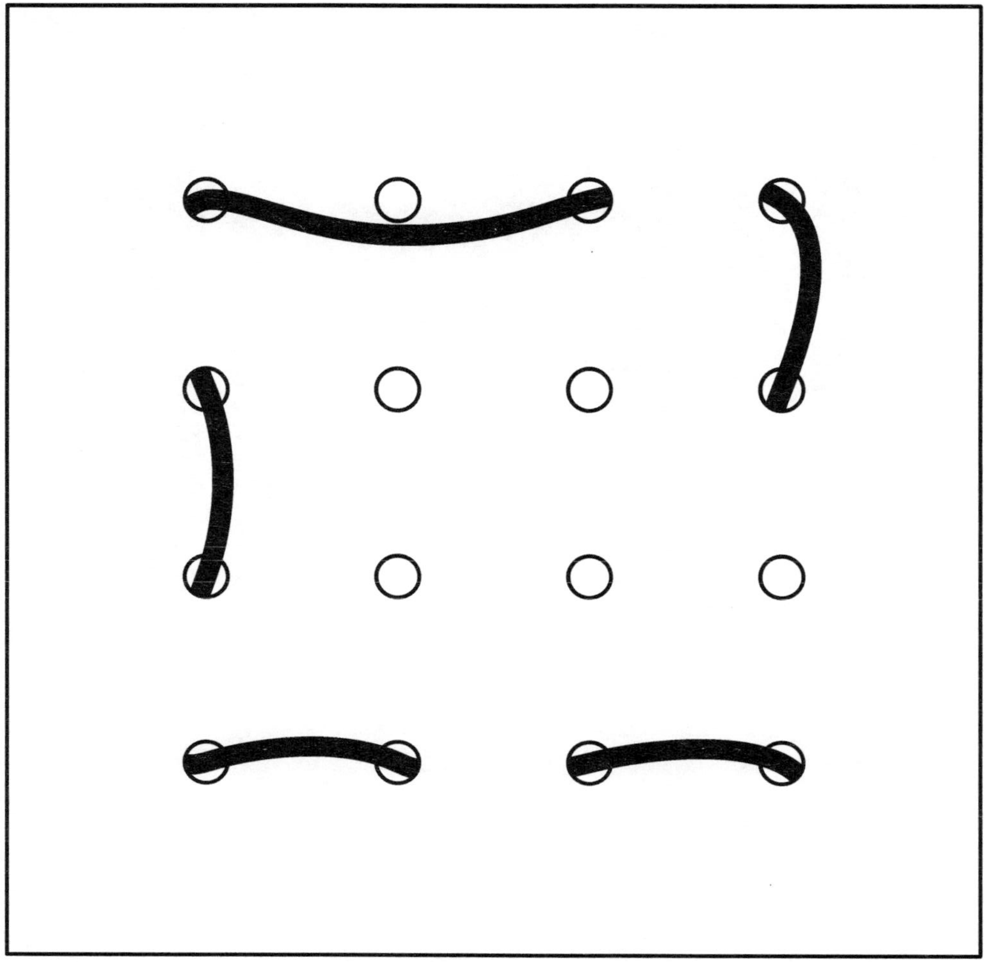

問題15

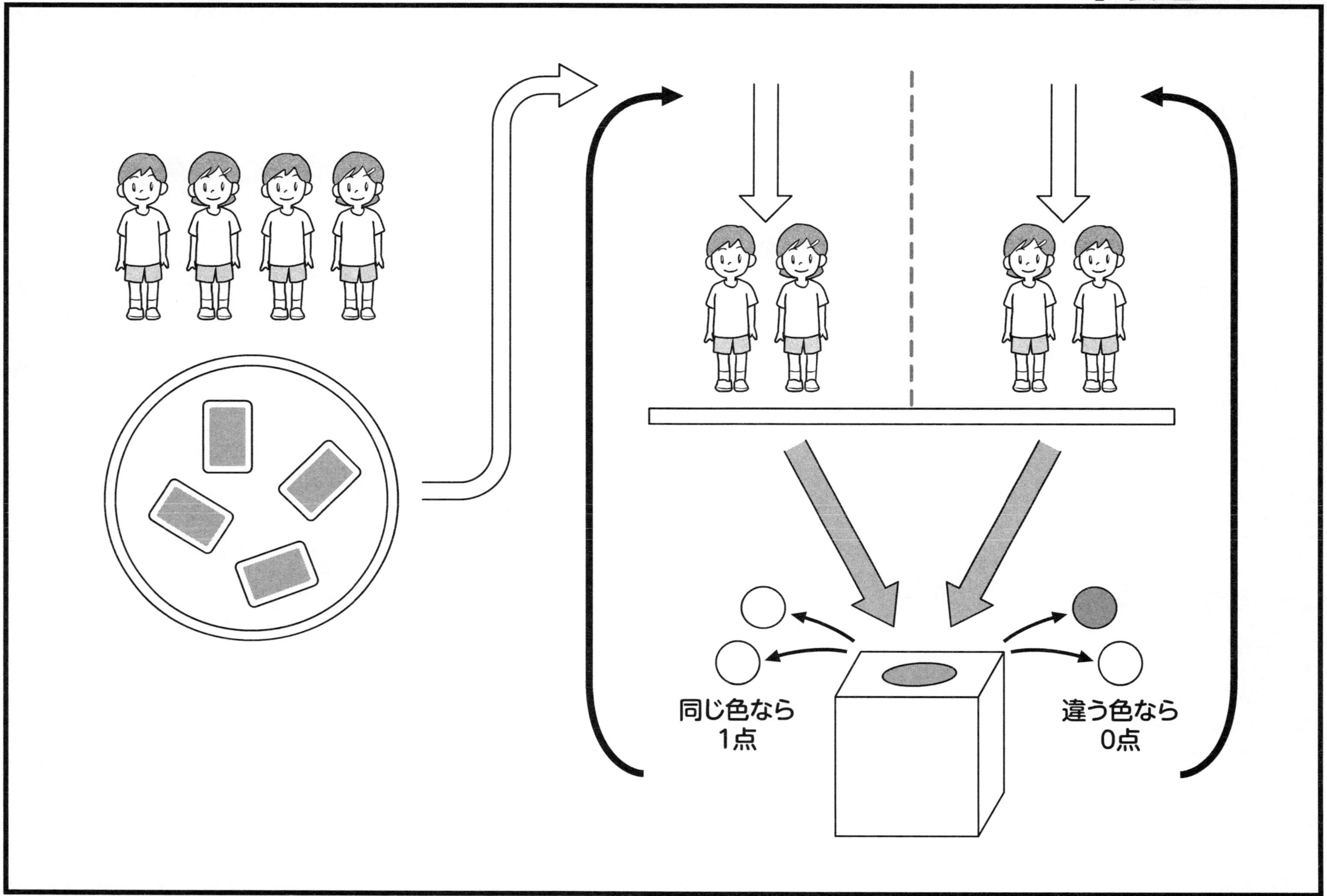

 無断複製／転載を禁ずる 日本学習図書株式会社

2025年度 日出学園 過去 無断複製／転載を禁ずる　日本学習図書株式会社

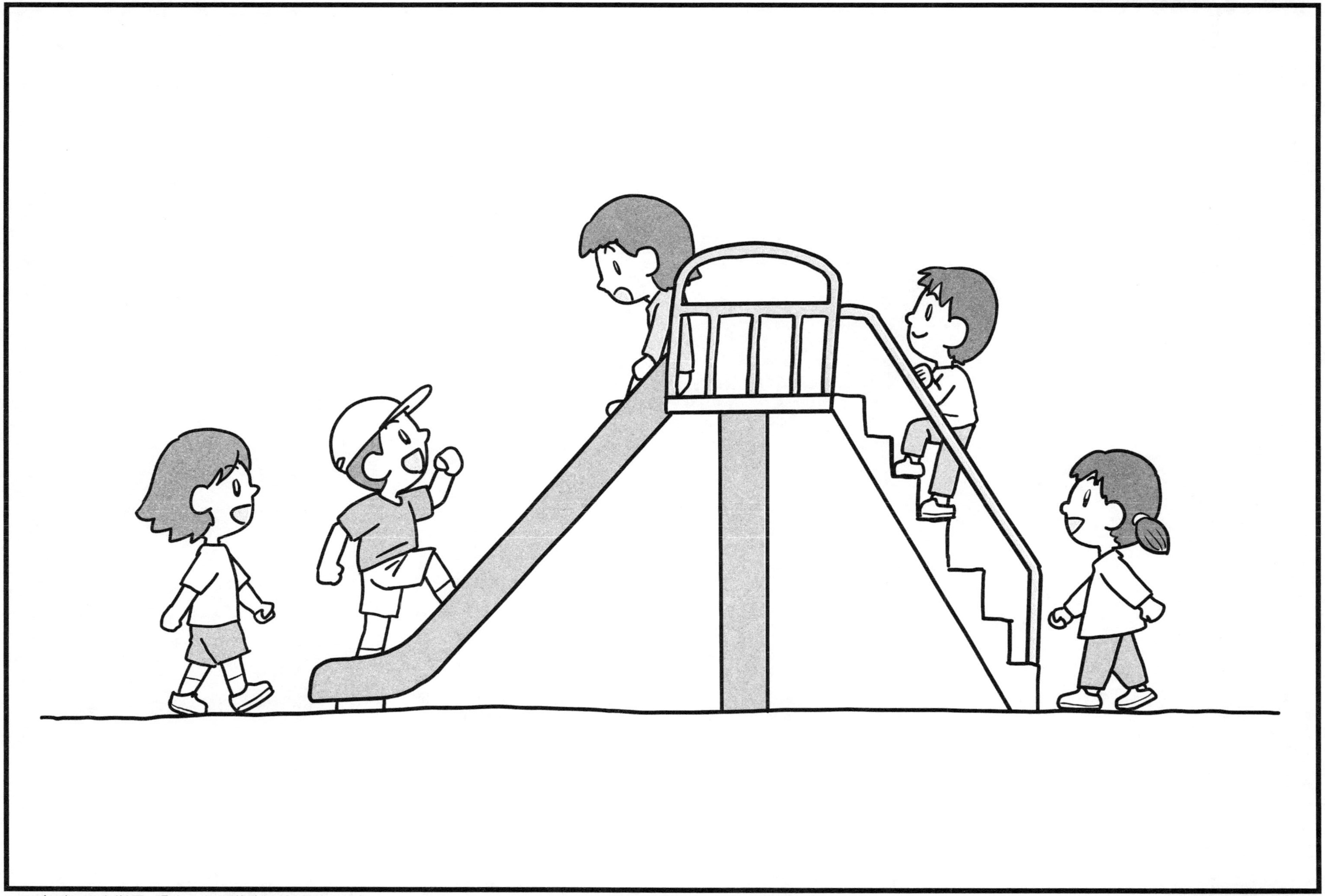

2025 年度　日出学園　過去　無断複製／転載を禁ずる　　　　日本学習図書株式会社

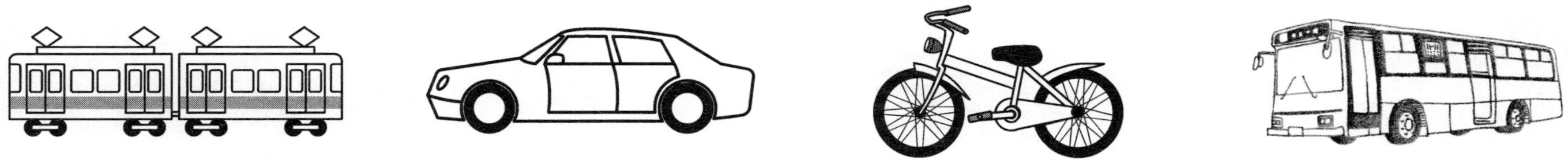

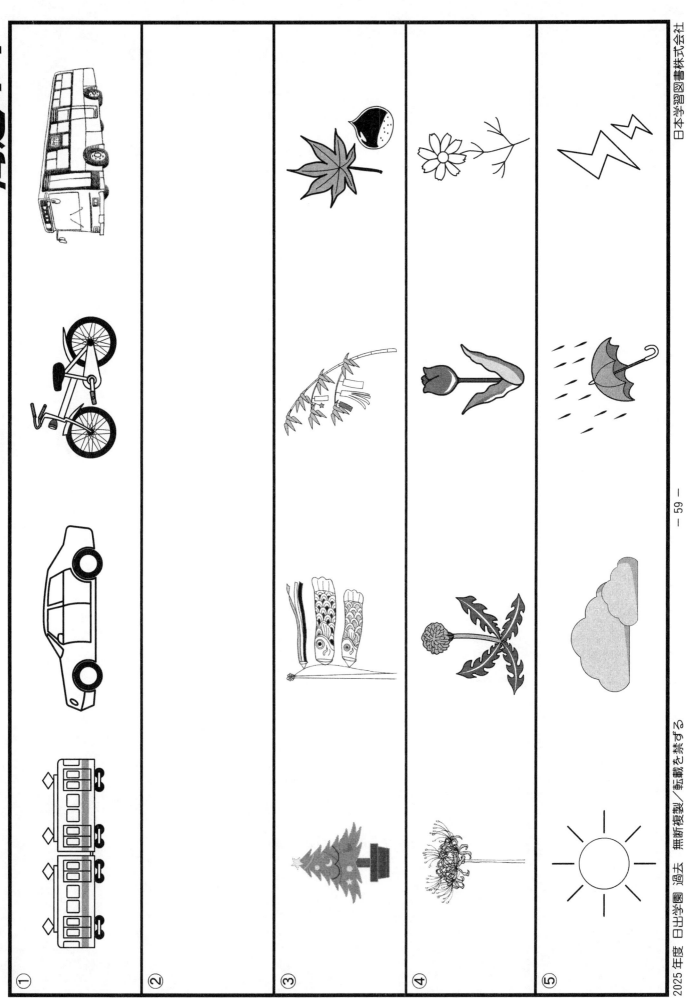

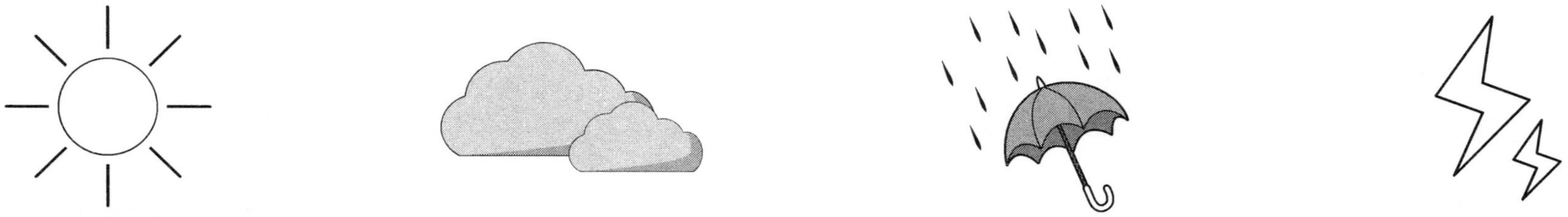

問題１８

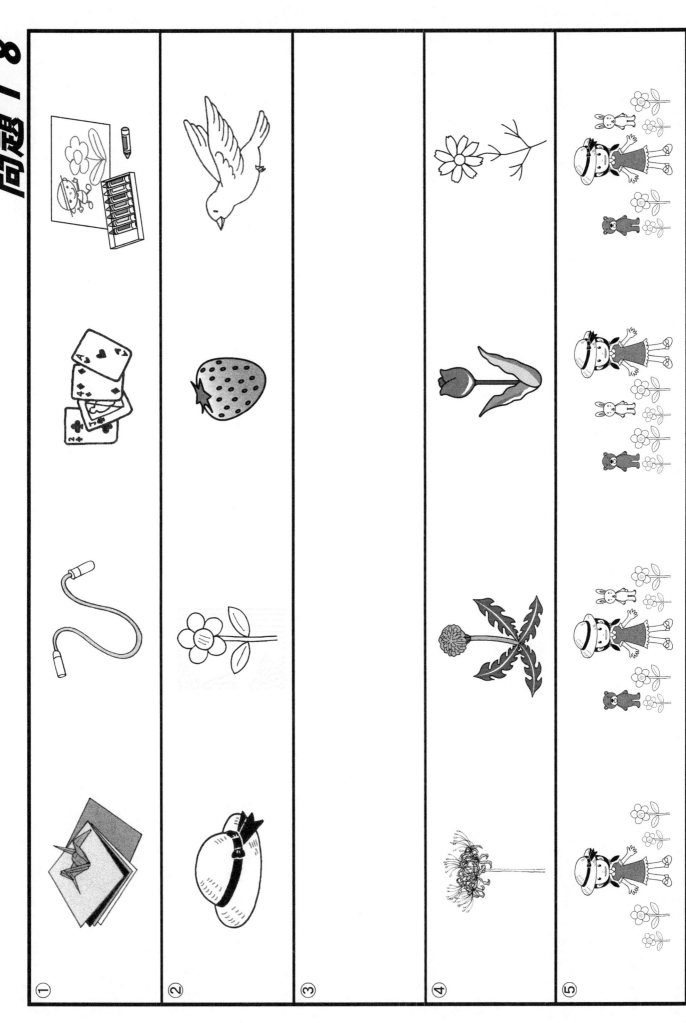

①

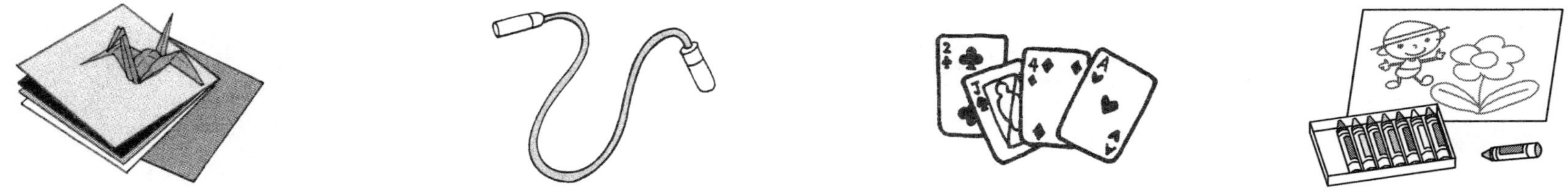

②

③

④

⑤

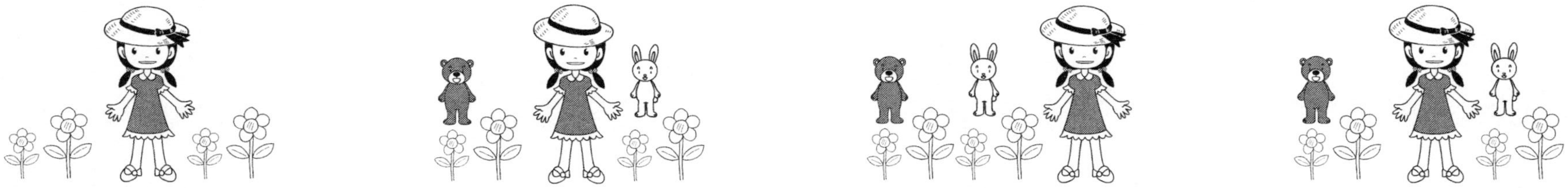

 無断複製／転載を禁ずる

日本学習図書株式会社

問題19－1

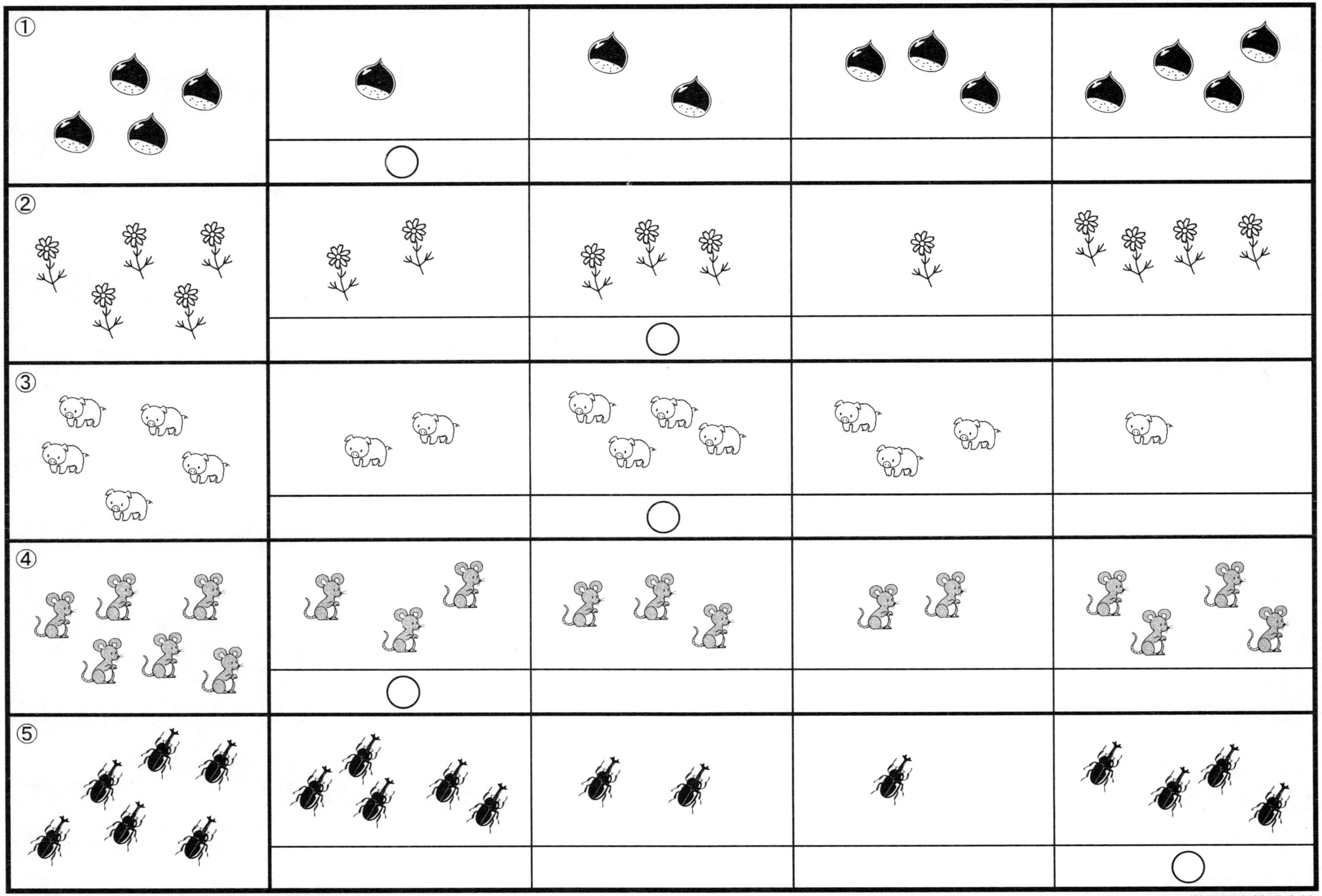

 無断複製／転載を禁ずる

日本学習図書株式会社

2025年度 日出学園 過去　無断複製／転載を禁ずる　日本学習図書株式会社

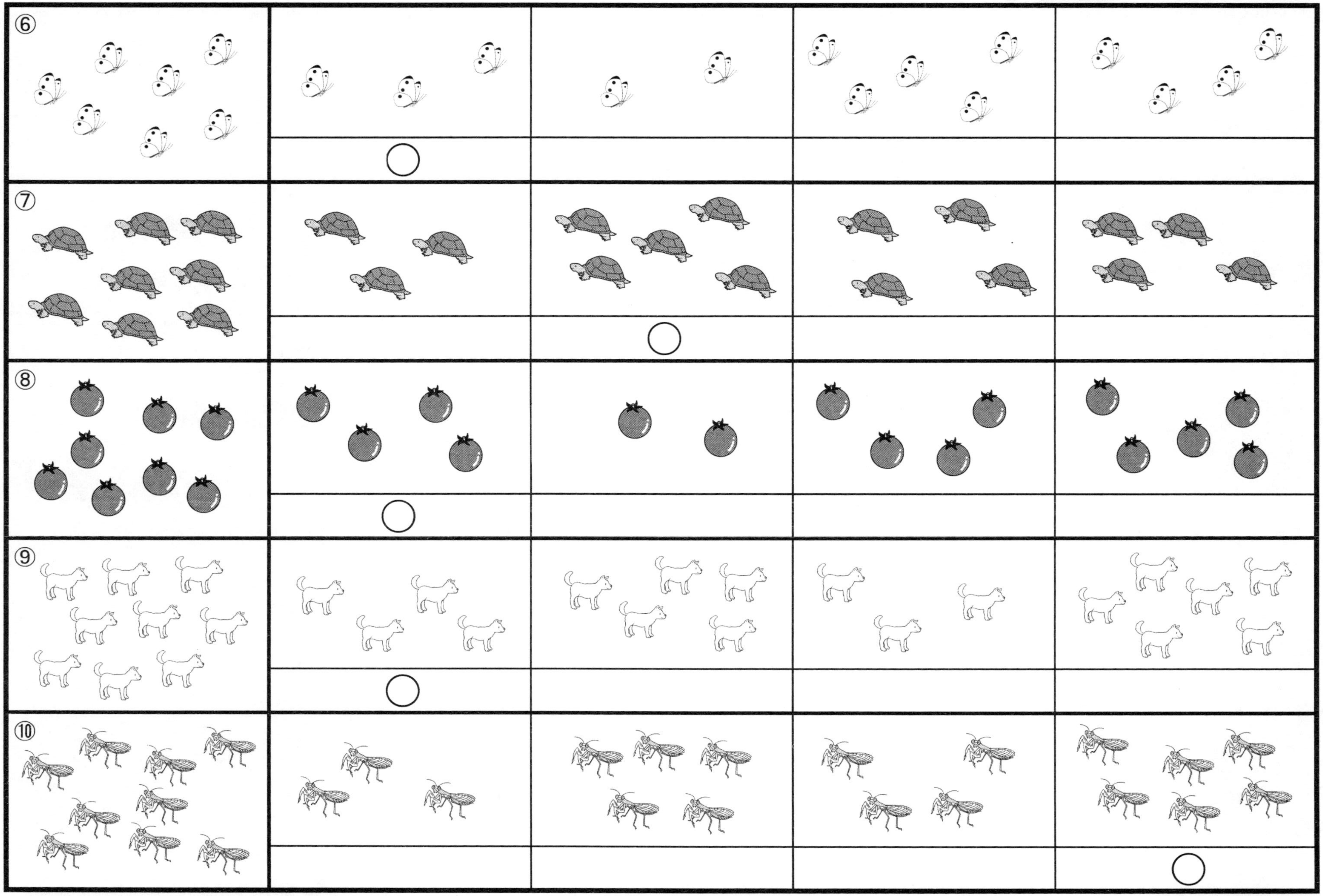

問題２０－１

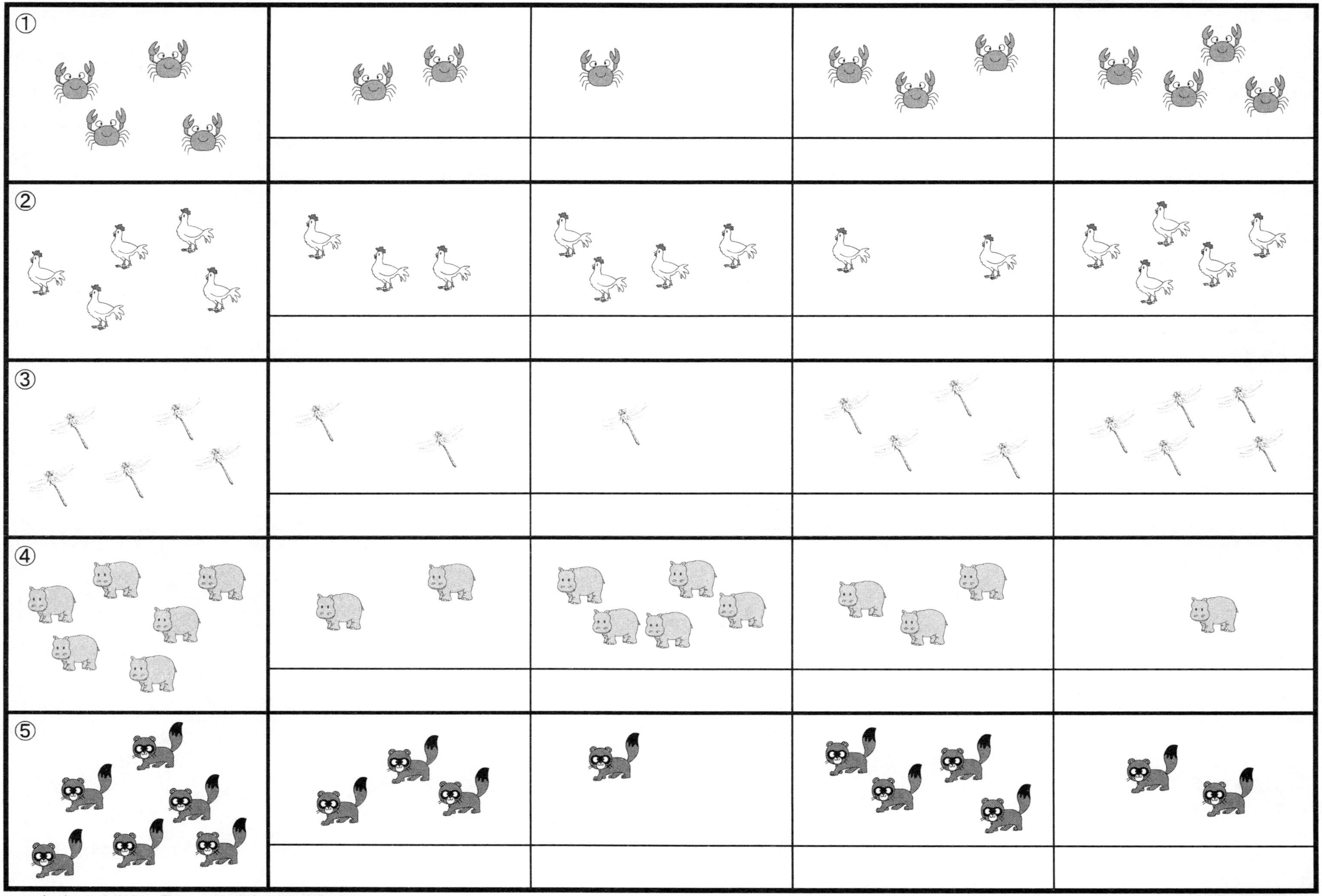

問題２０－２

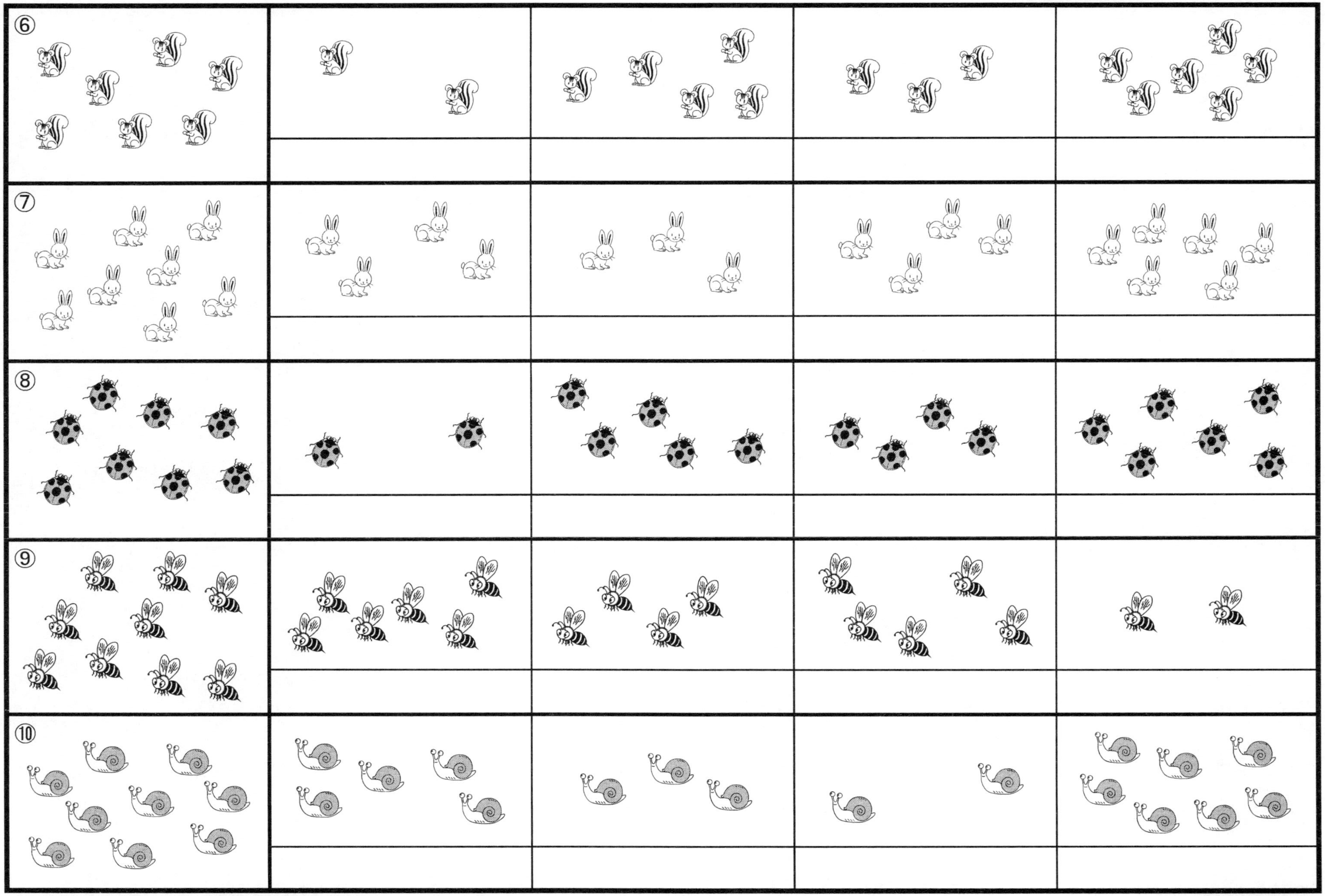

 無断複製／転載を禁ずる 日本学習図書株式会社

問題21－1

 無断複製／転載を禁ずる

日本学習図書株式会社

問題２１－２

 無断複製／転載を禁ずる

日本学習図書株式会社

問題２２－１

 無断複製／転載を禁ずる

日本学習図書株式会社

2025 年度 日出学園 過去　無断複製／転載を禁ずる　日本学習図書株式会社

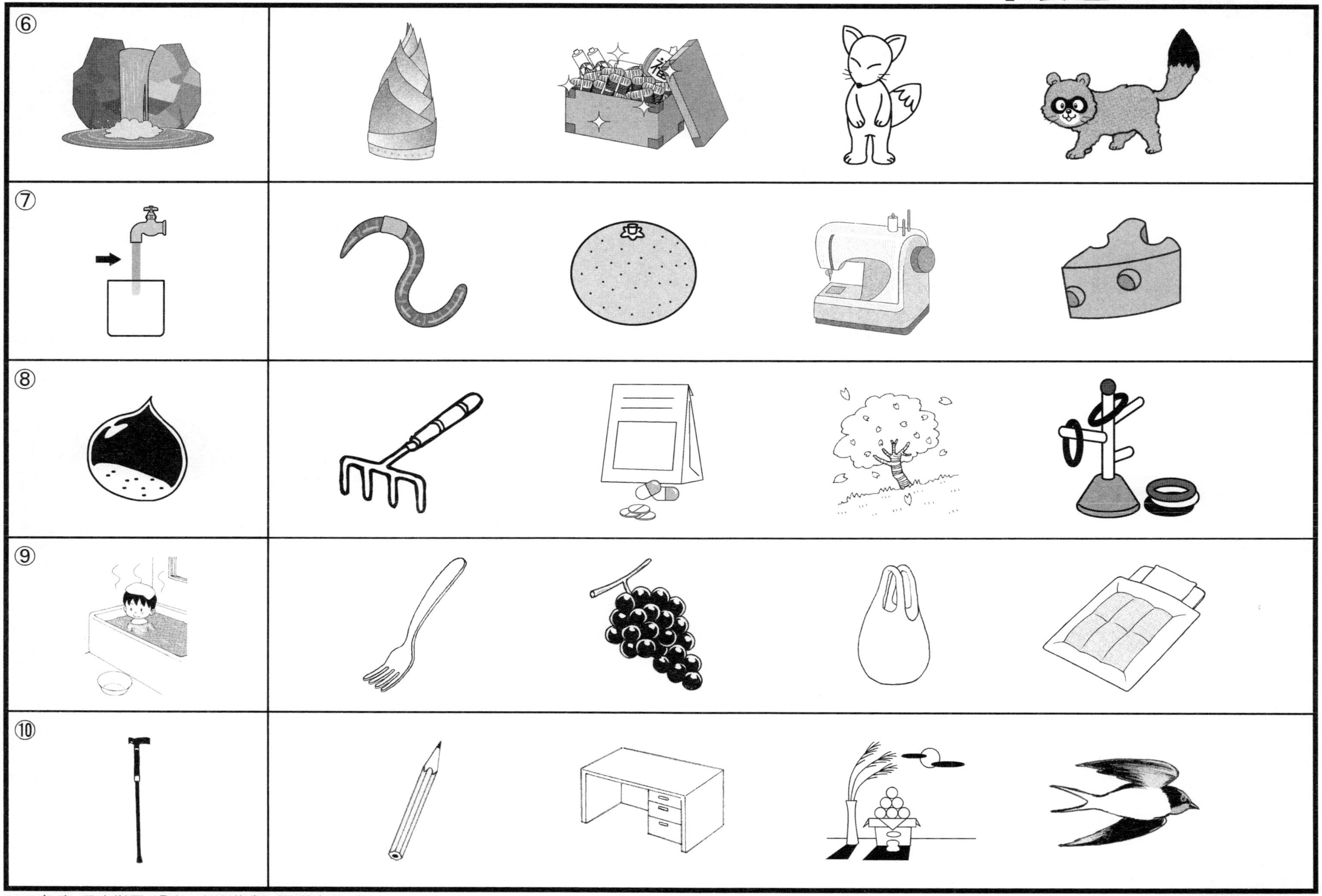

問題23

①

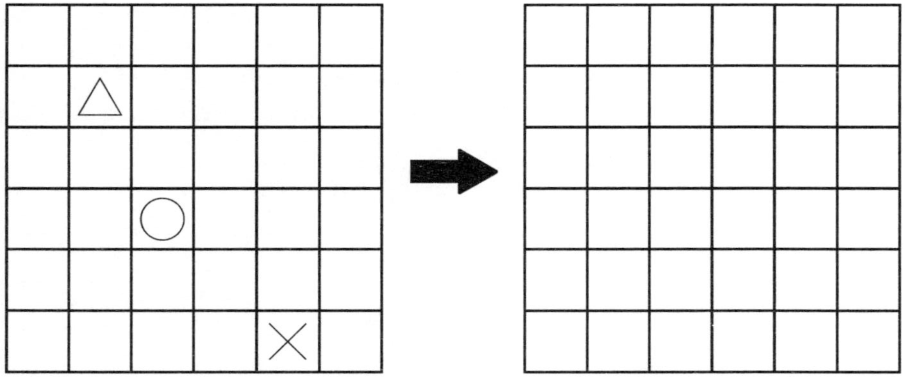

②

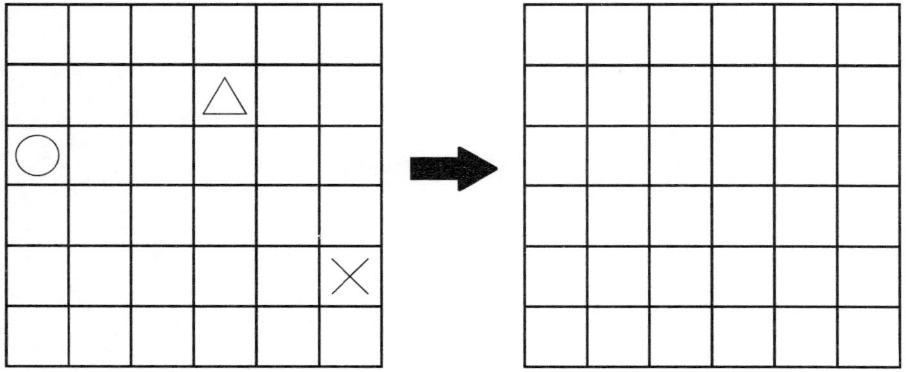

③

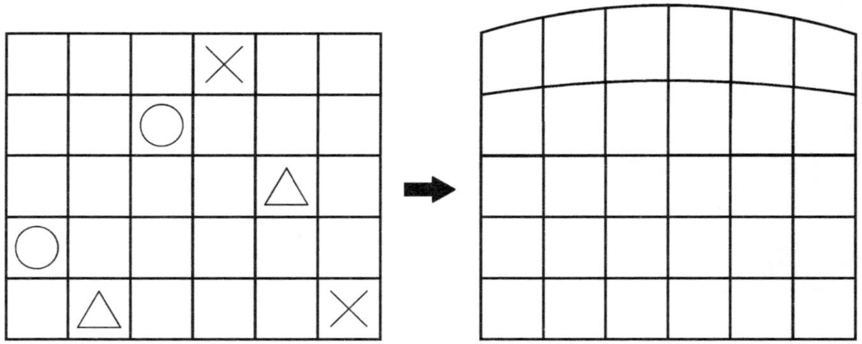

④

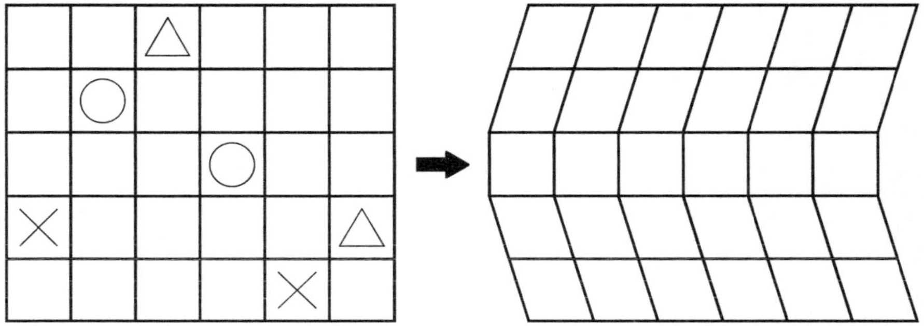

⑤

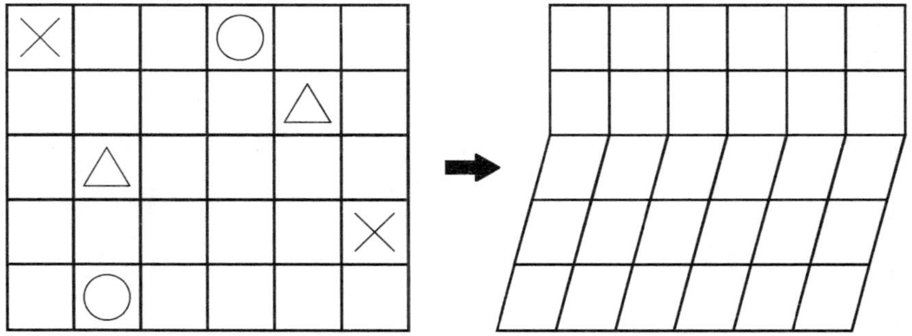

 無断複製／転載を禁ずる

問題２４

①

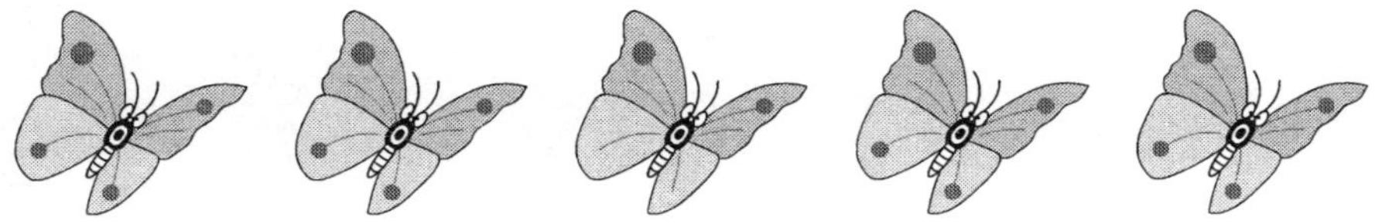

②

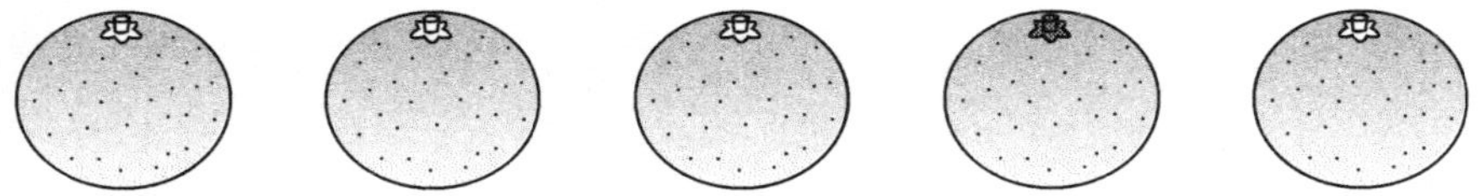

③

④

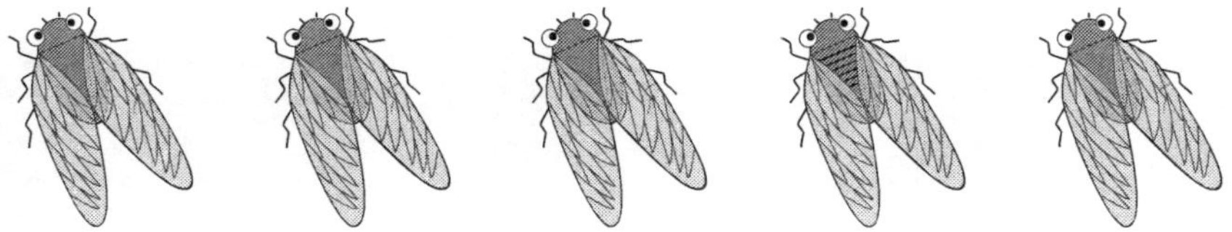

⑤

⑥

⑦

⑧

⑨

⑩

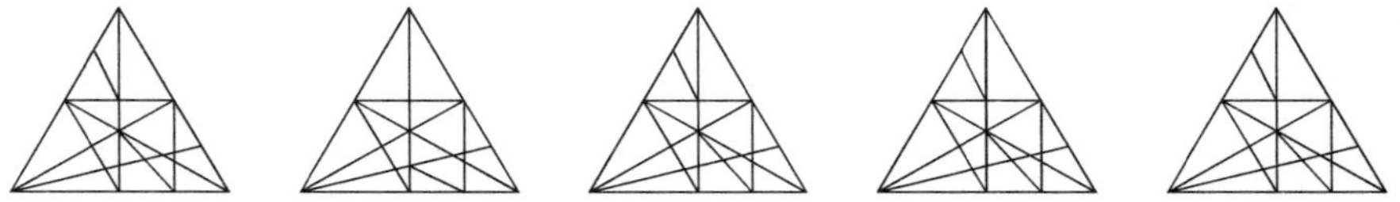

無断複製／転載を禁ずる

日本学習図書株式会社

問題２５

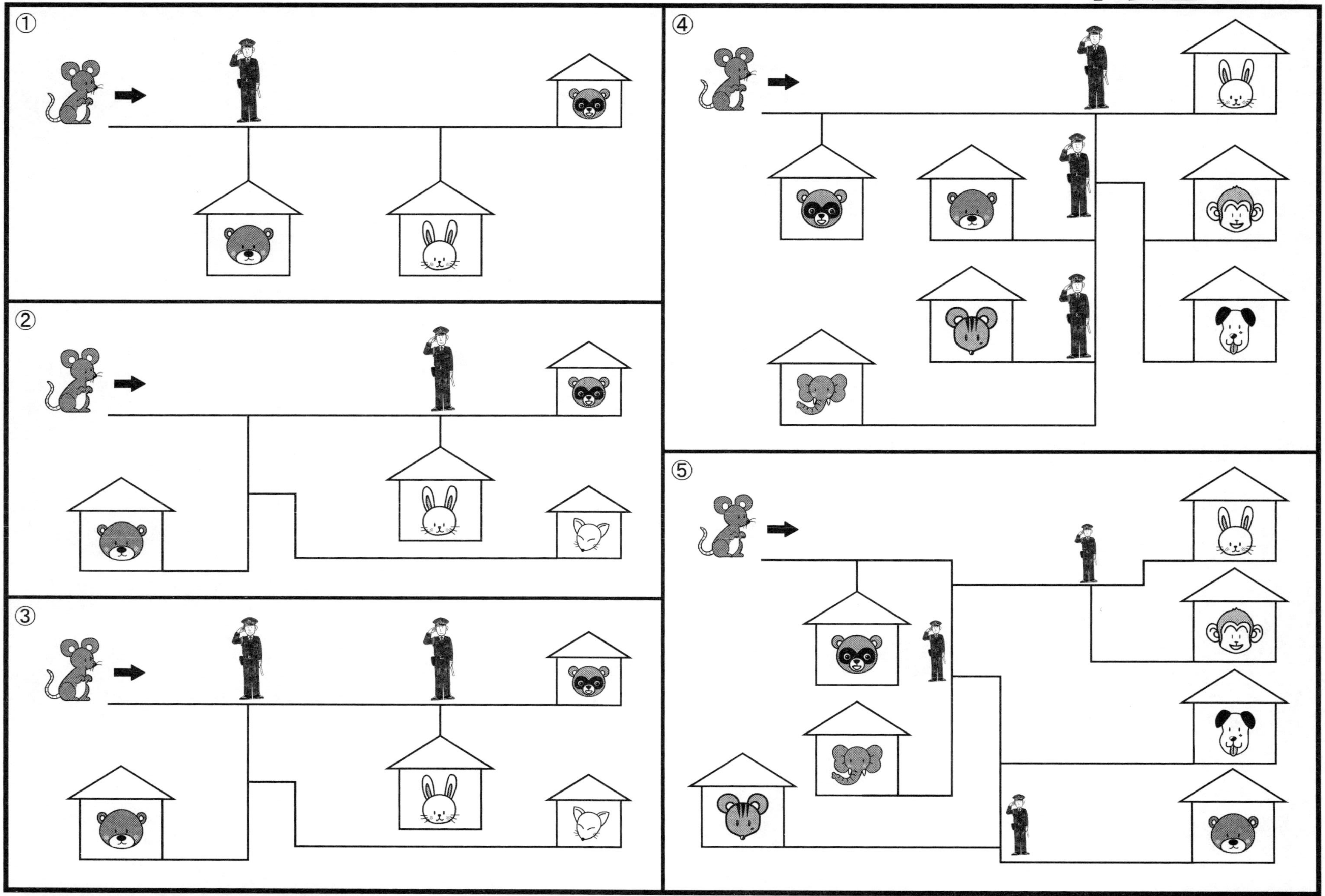

 無断複製／転載を禁ずる

日本学習図書株式会社

問題２６

④

⑤

①

②

③

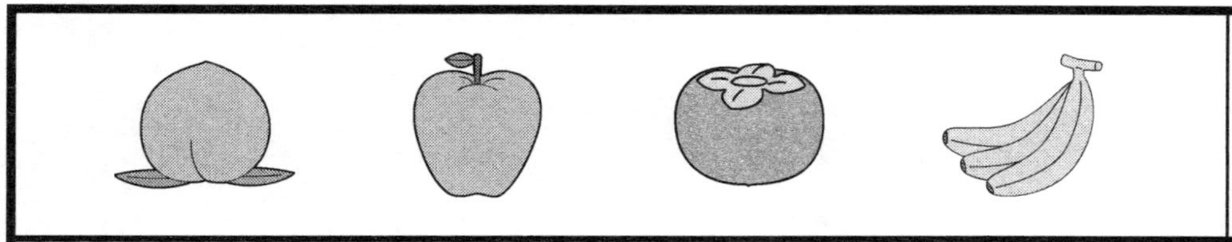

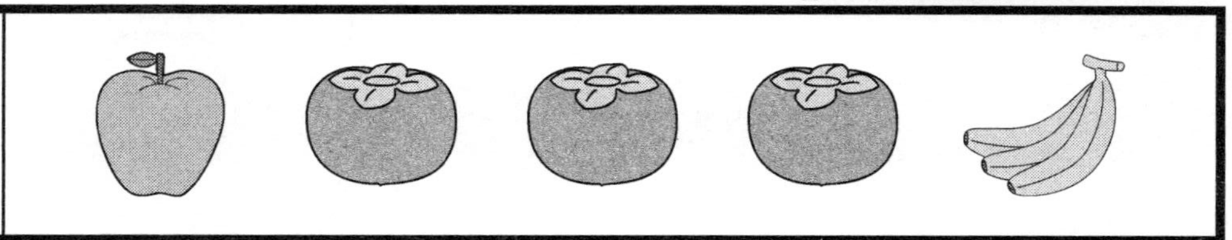

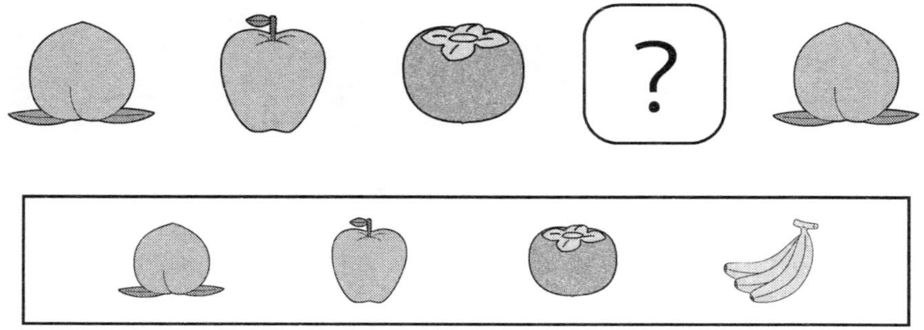

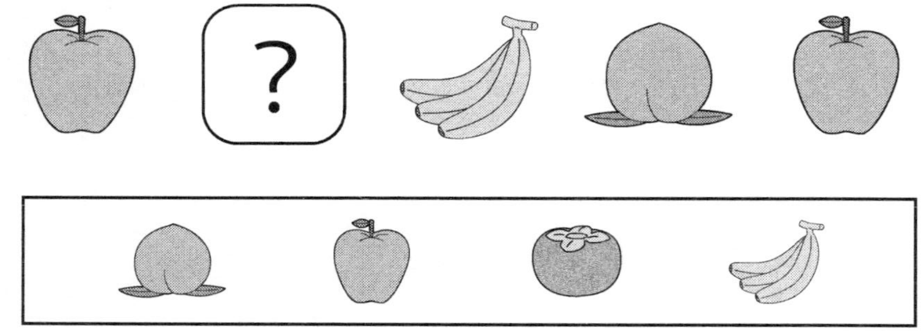

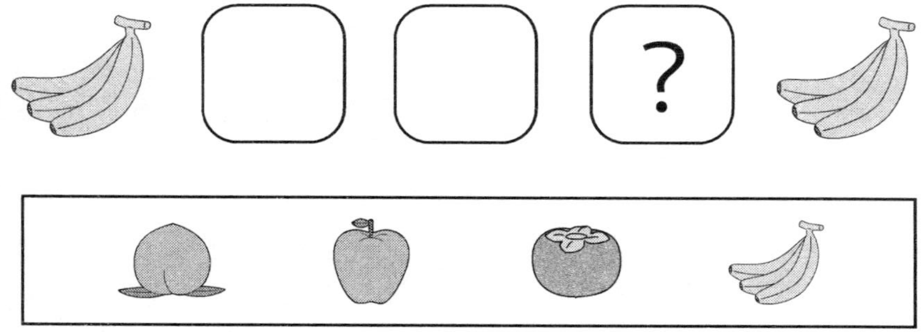

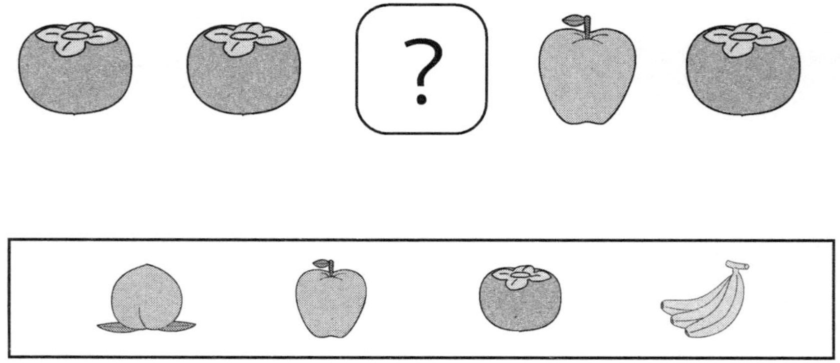

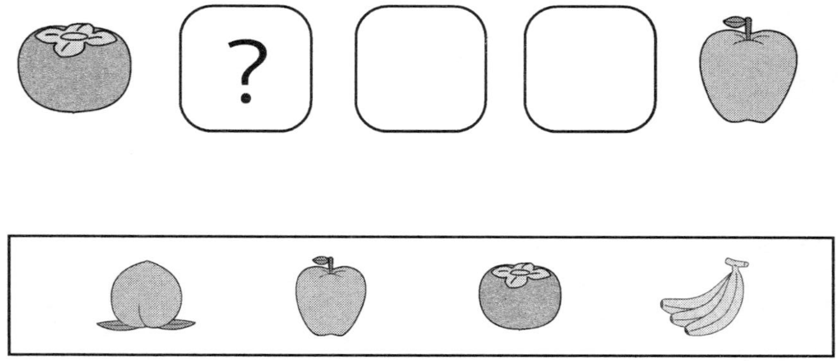

2025年度 日出学園 過去 無断複製/転載を禁ずる

日本学習図書株式会社

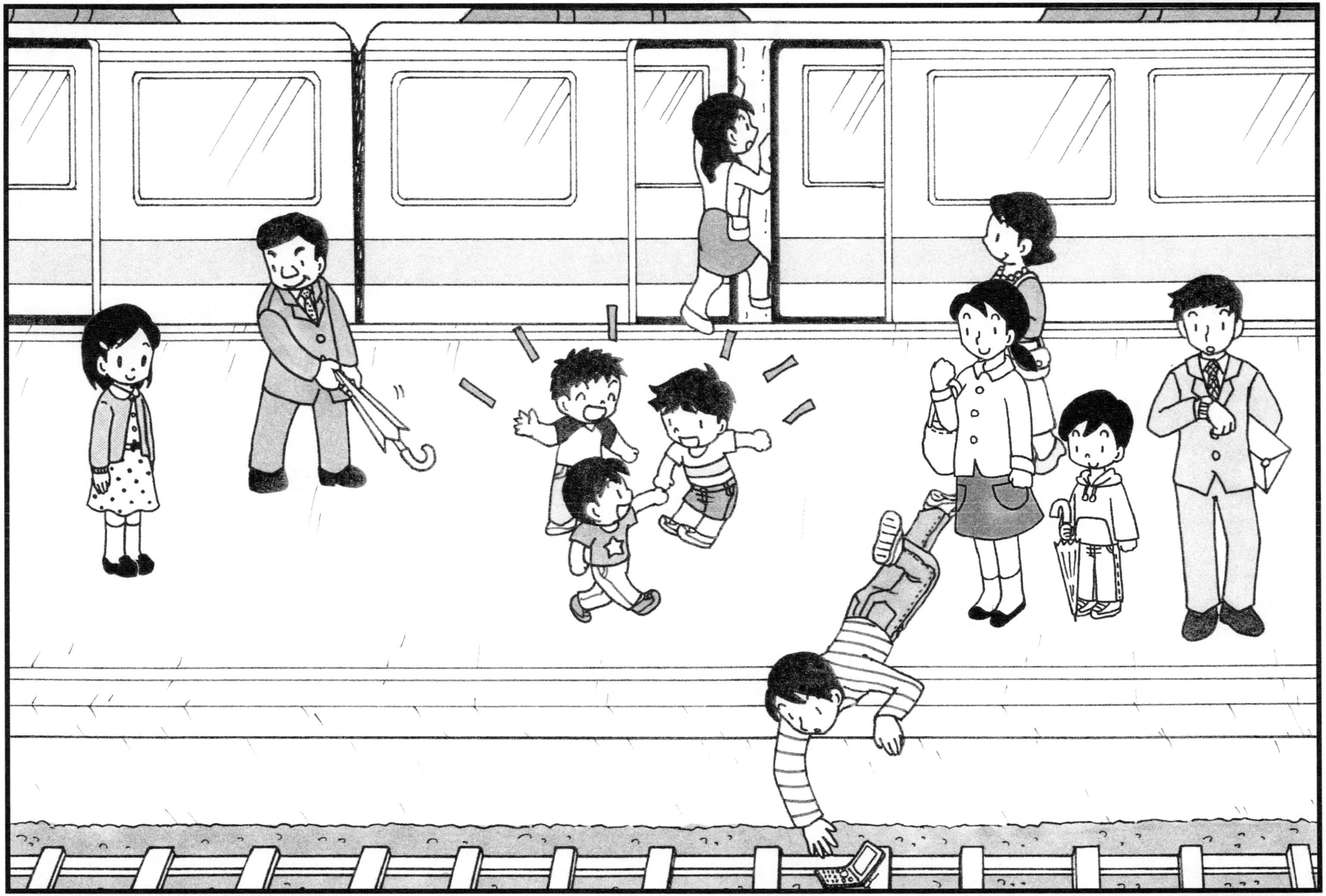

問題３０

①

②

③

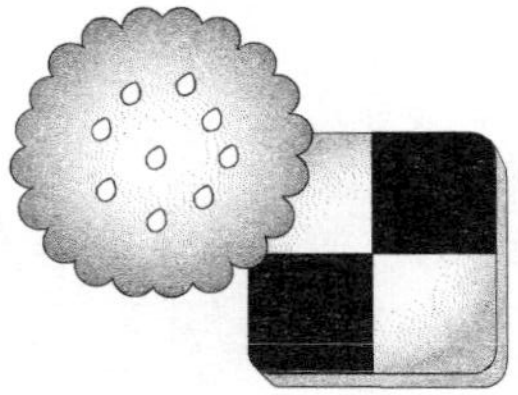

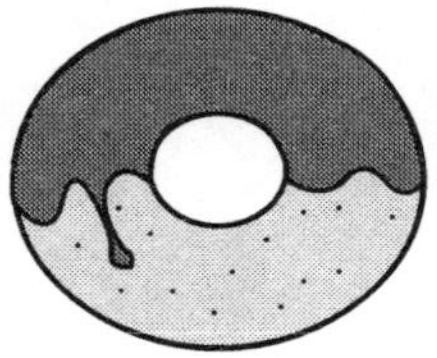

④

⑤

 無断複製／転載を禁ずる 日本学習図書株式会社

問題31

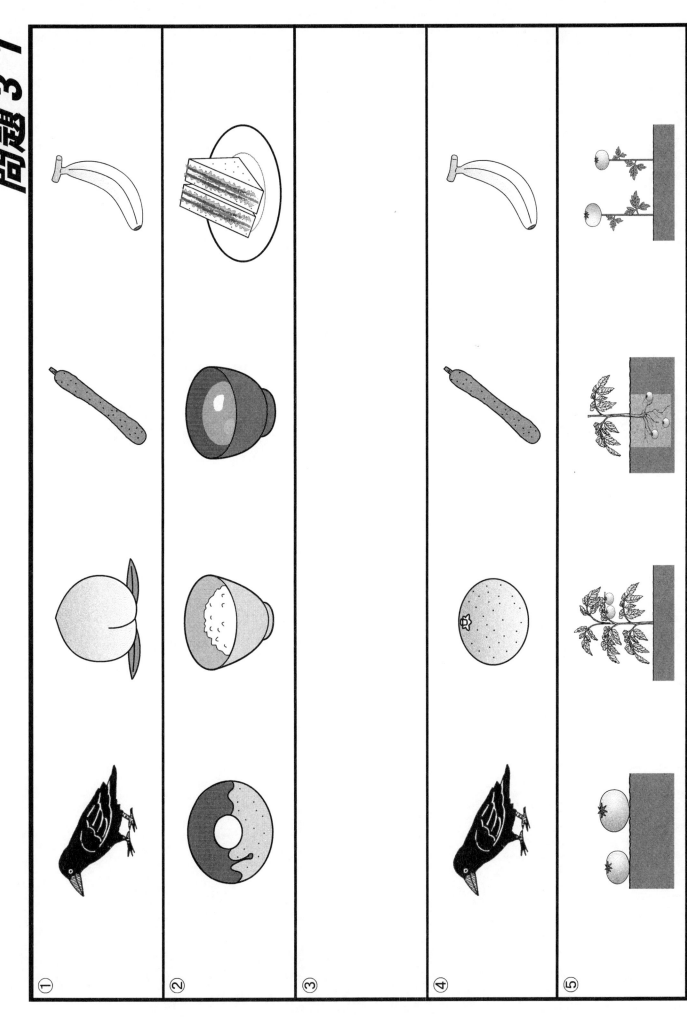

①

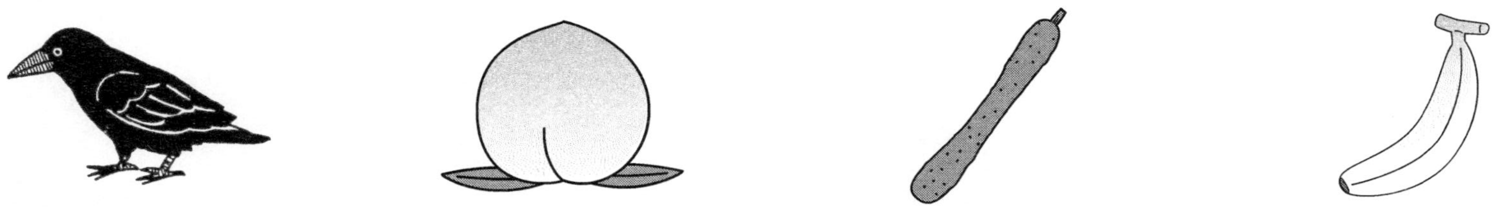

②

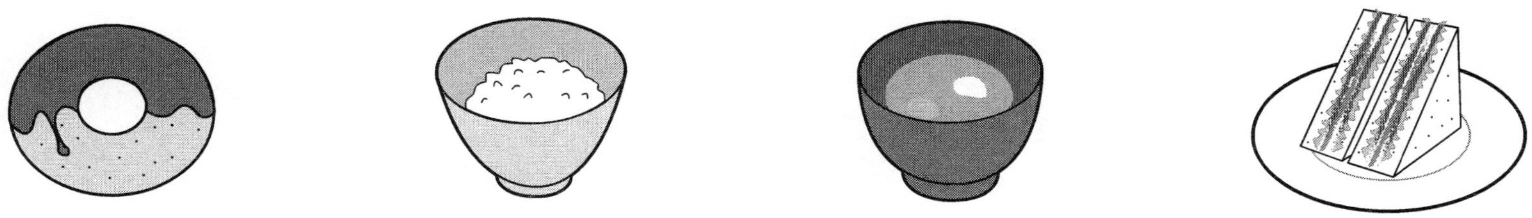

③

④

⑤

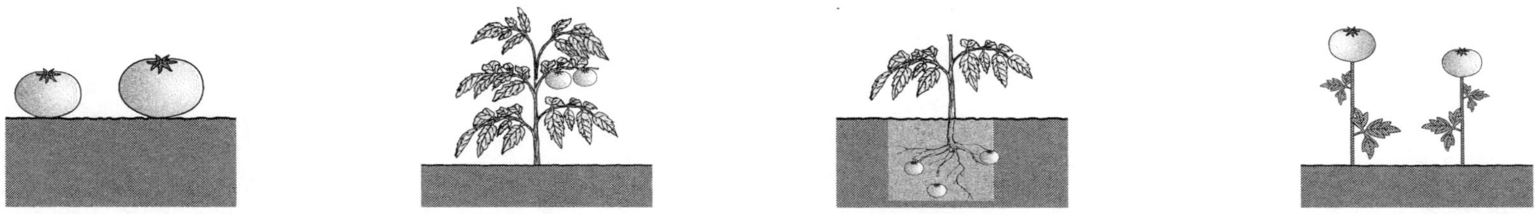

 無断複製／転載を禁ずる 日本学習図書株式会社

① ② ③ ④ ⑤

2025 年度 日出学園 過去 無断複製／転載を禁ずる 日本学習図書株式会社

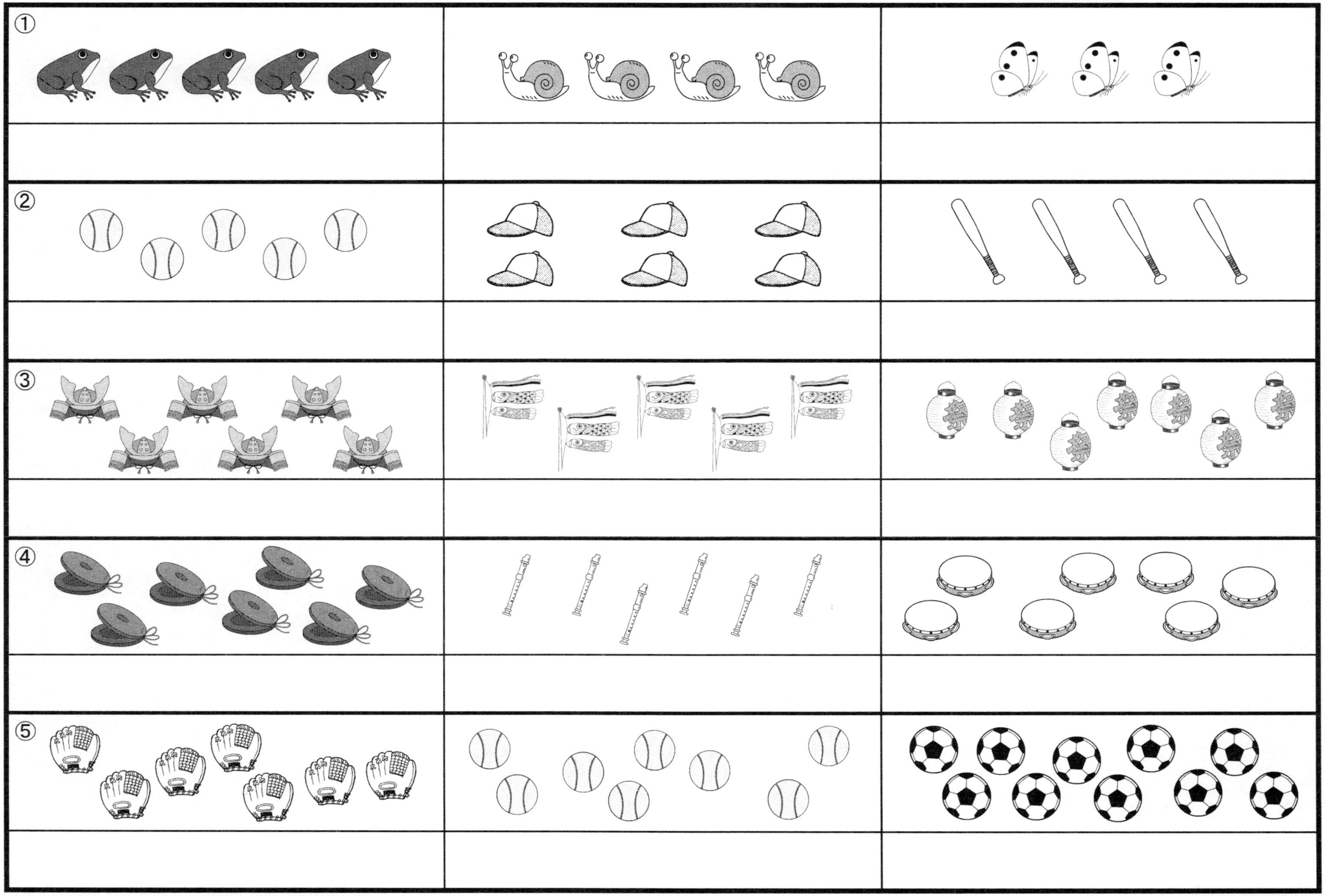

問題3 2－2

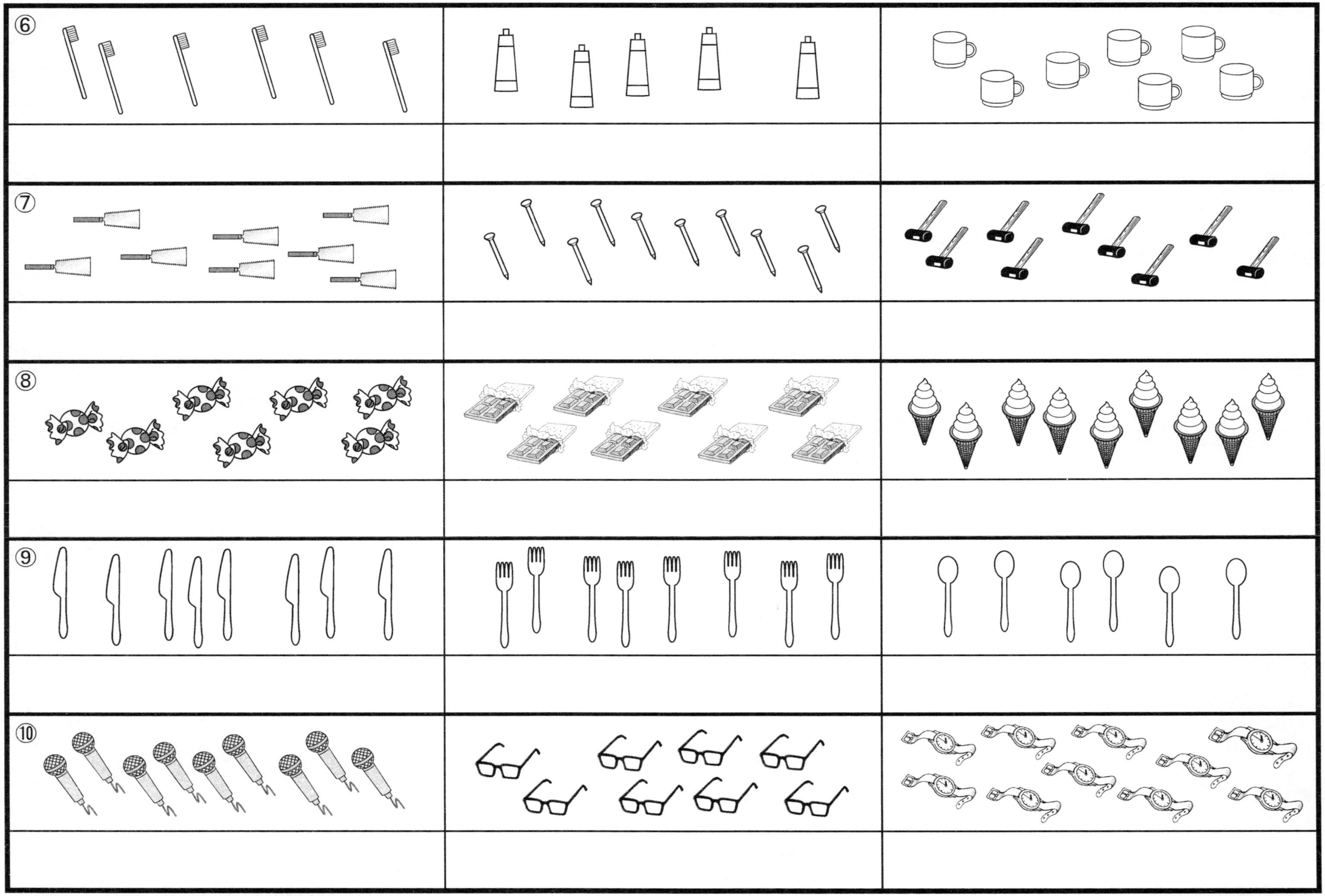

 無断複製／転載を禁ずる 日本学習図書株式会社

問題33－1

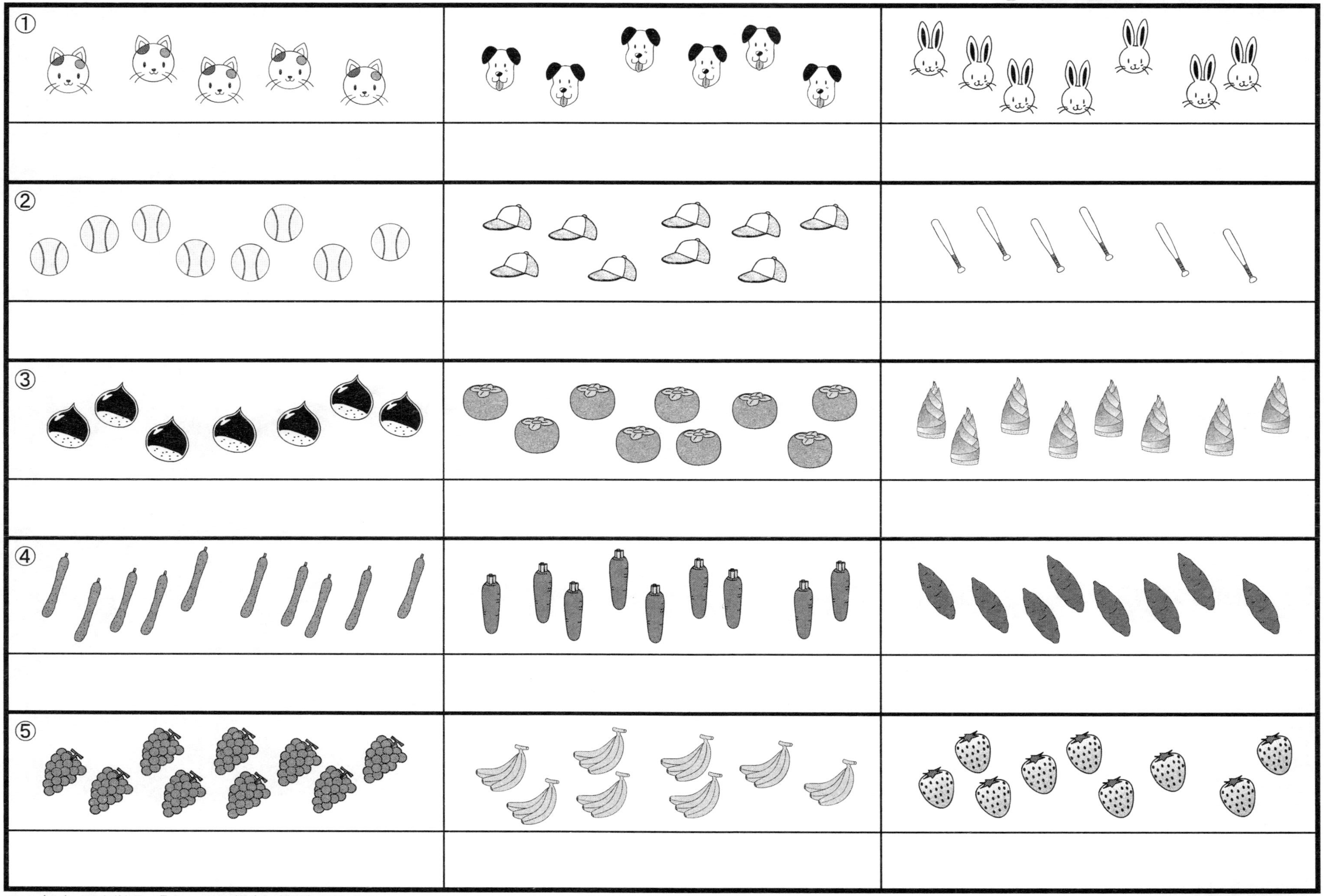

無断複製／転載を禁ずる

問題33－2

⑥ 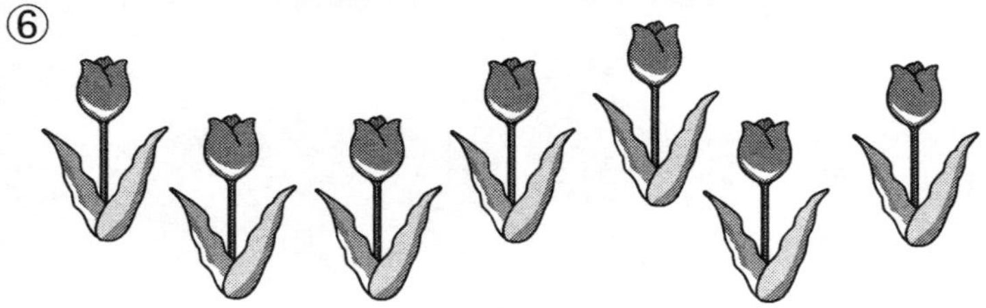		
⑦ 		
⑧ 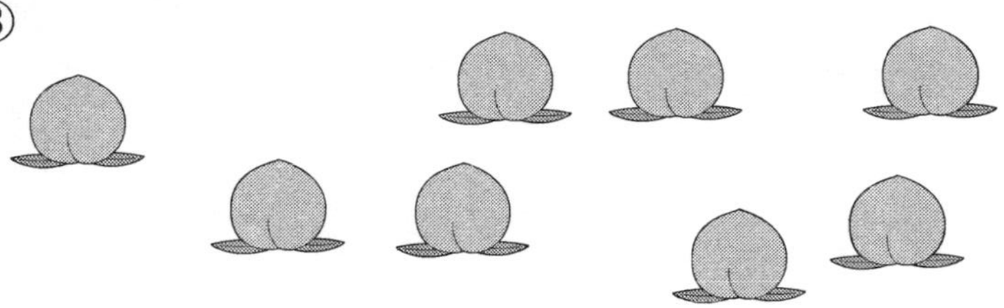	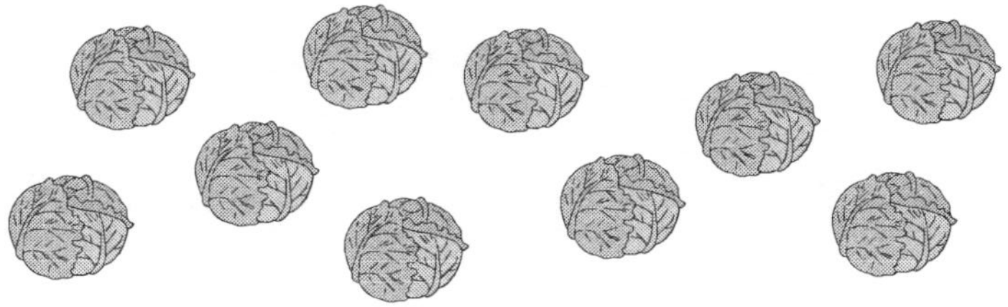	
⑨ 		
⑩ 		

 無断複製／転載を禁ずる

日本学習図書株式会社

問題34

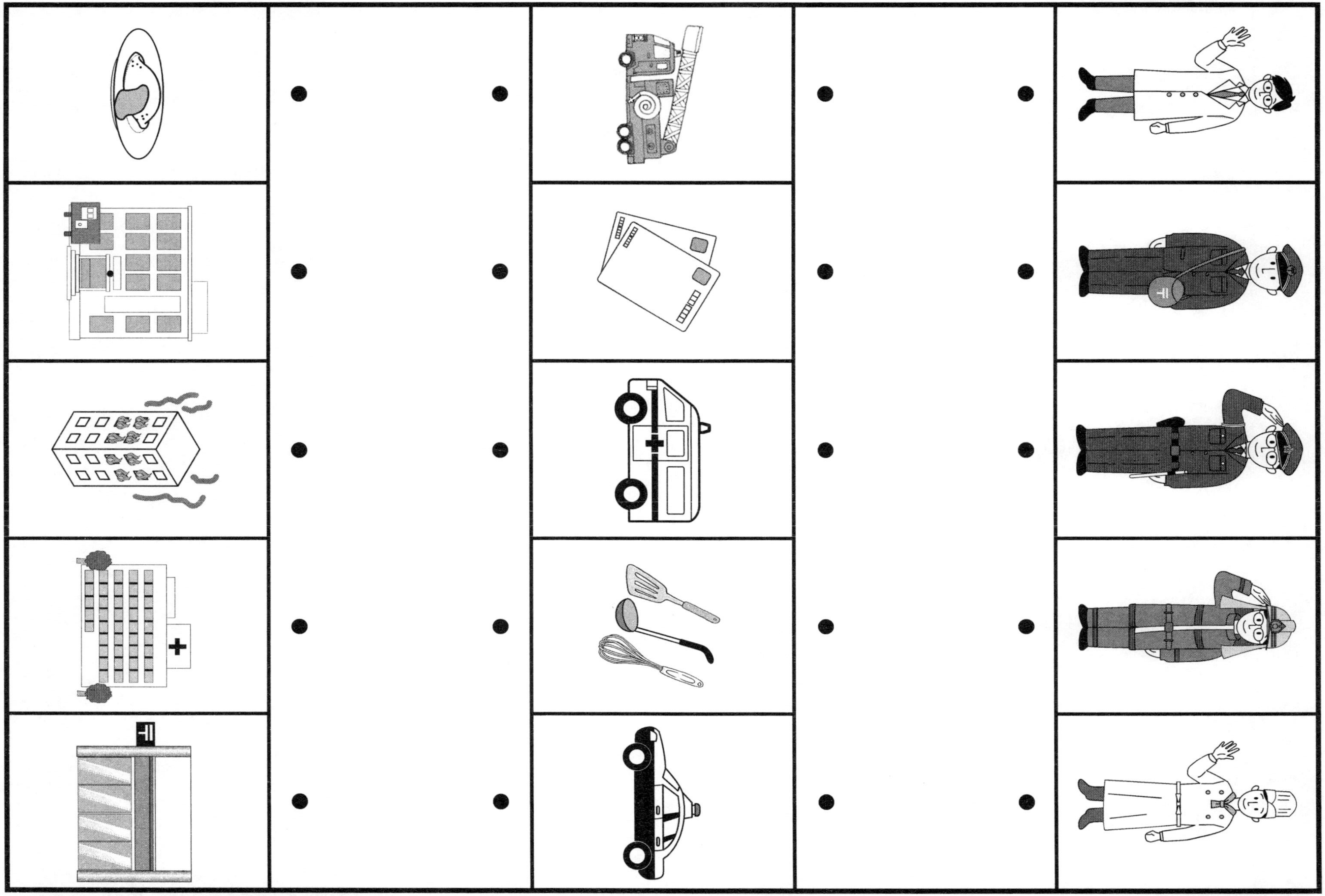

 無断複製／転載を禁ずる

日本学習図書株式会社

問題３５－１

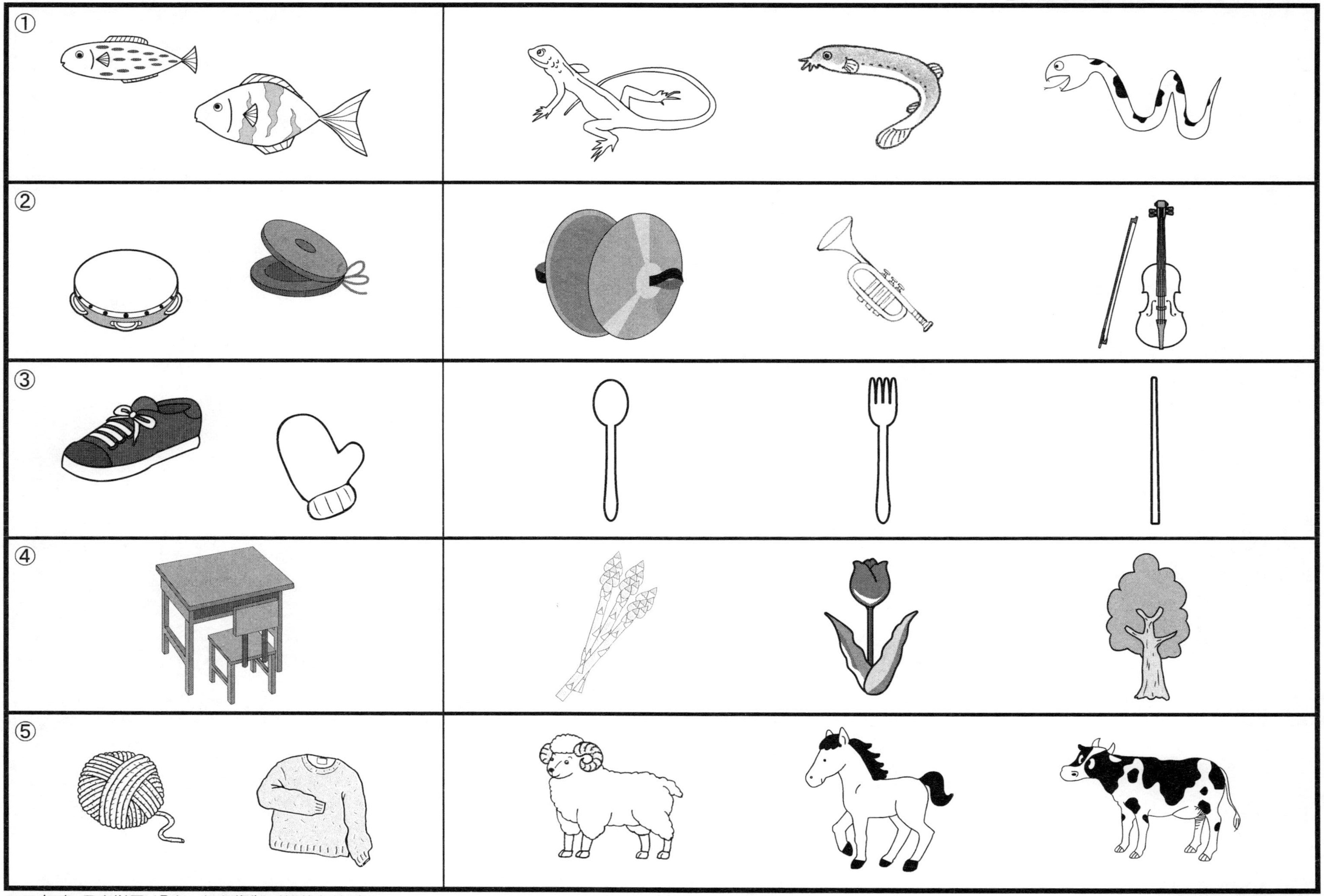

 無断複製／転載を禁ずる

日本学習図書株式会社

日本学習図書株式会社

2025年度 日出学園 過去 無断複製／転載を禁ずる

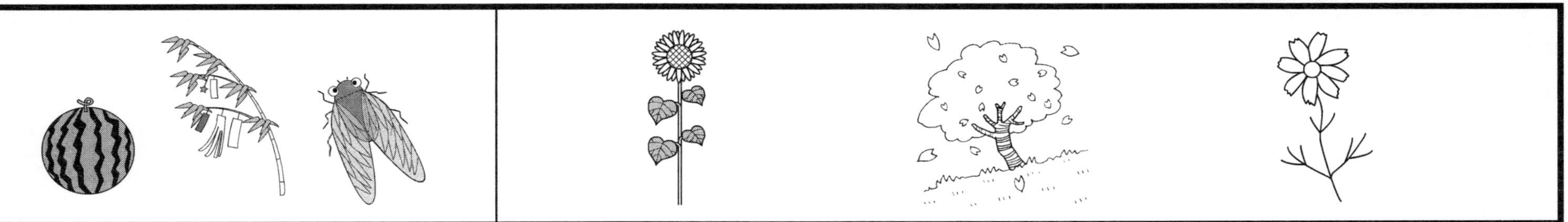

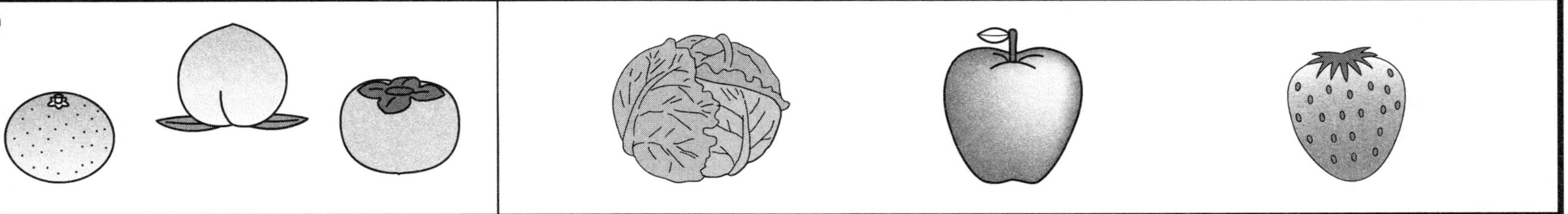

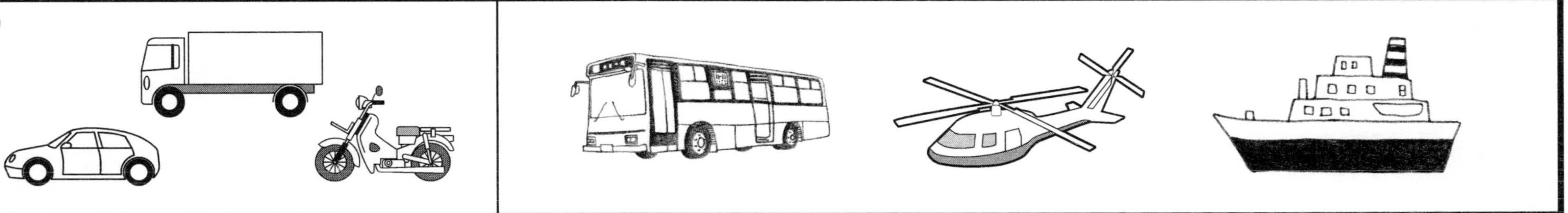

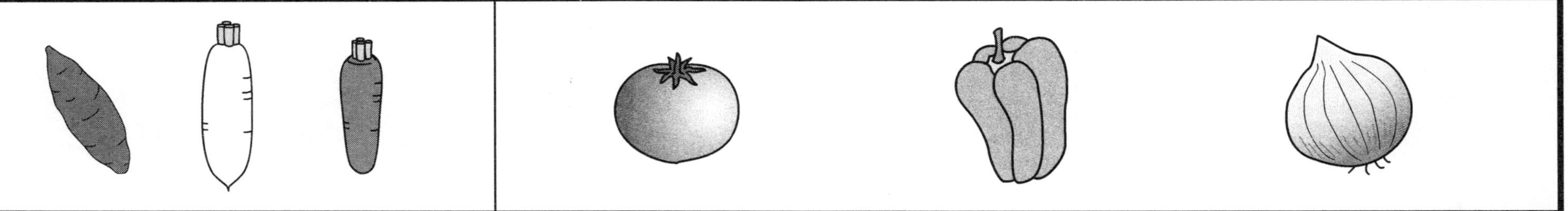

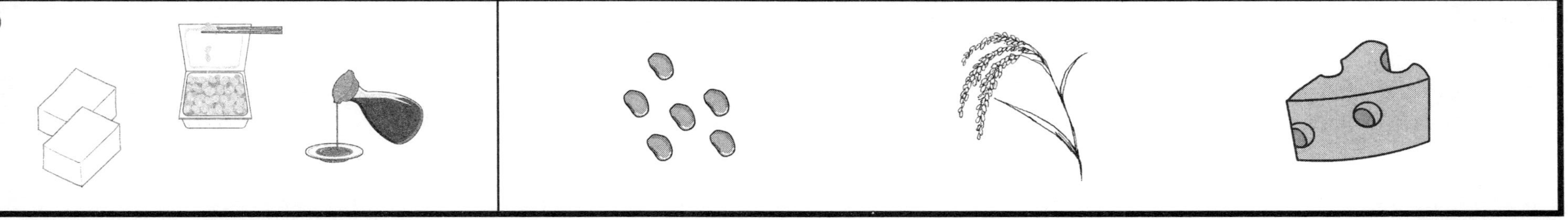

問題３６−１

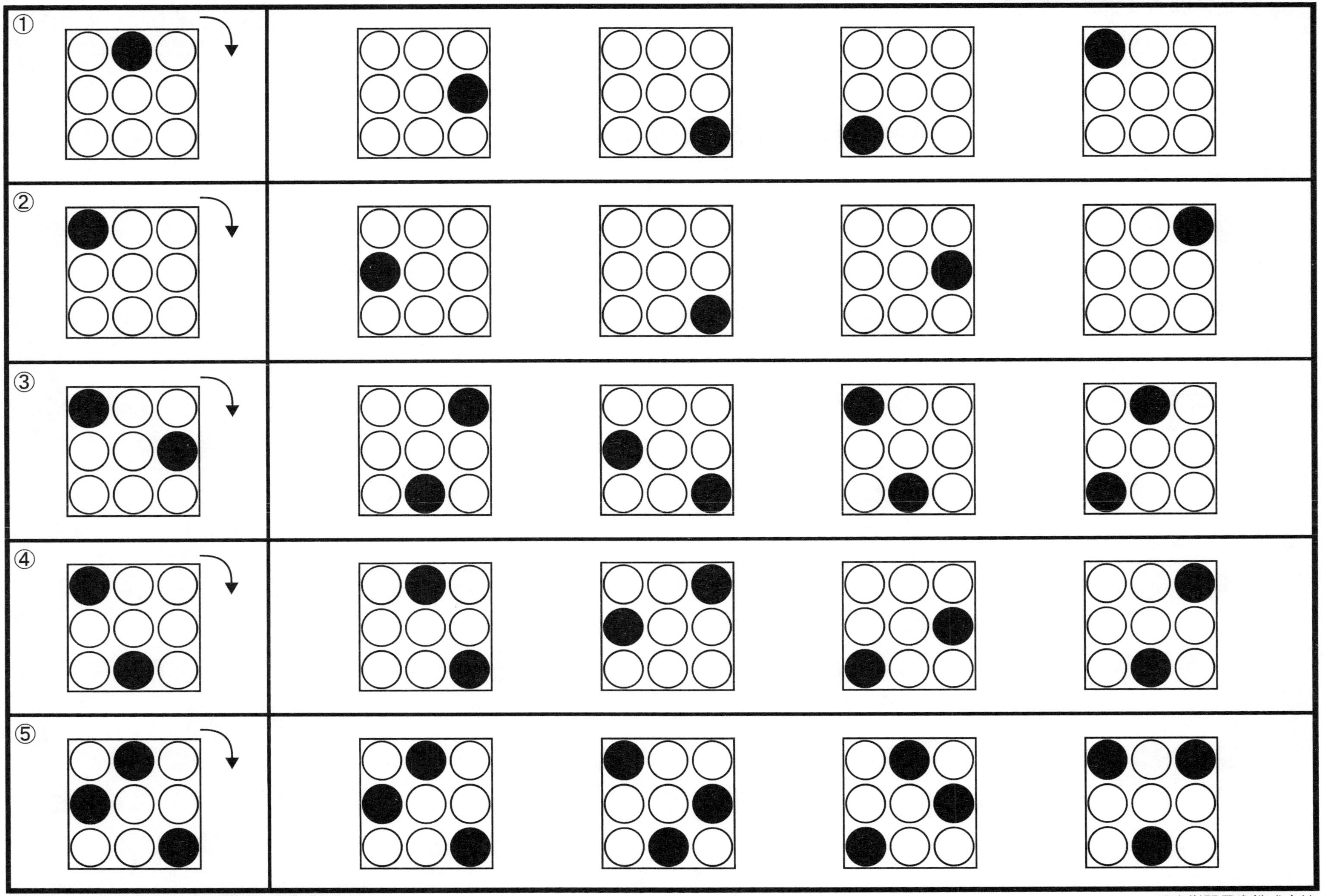

 無断複製／転載を禁ずる 日本学習図書株式会社

問題3 6－2

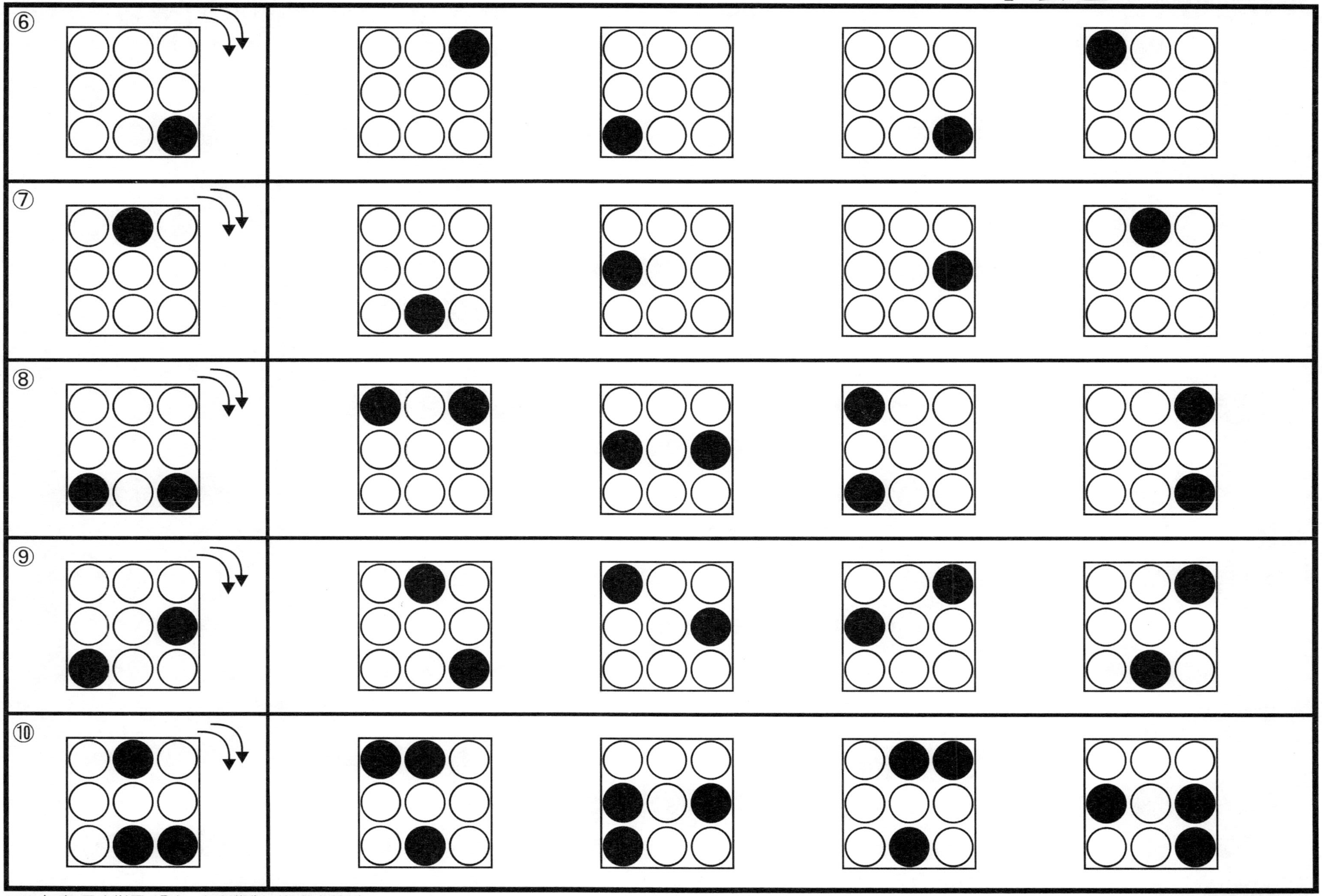

5－3

問題３７－１

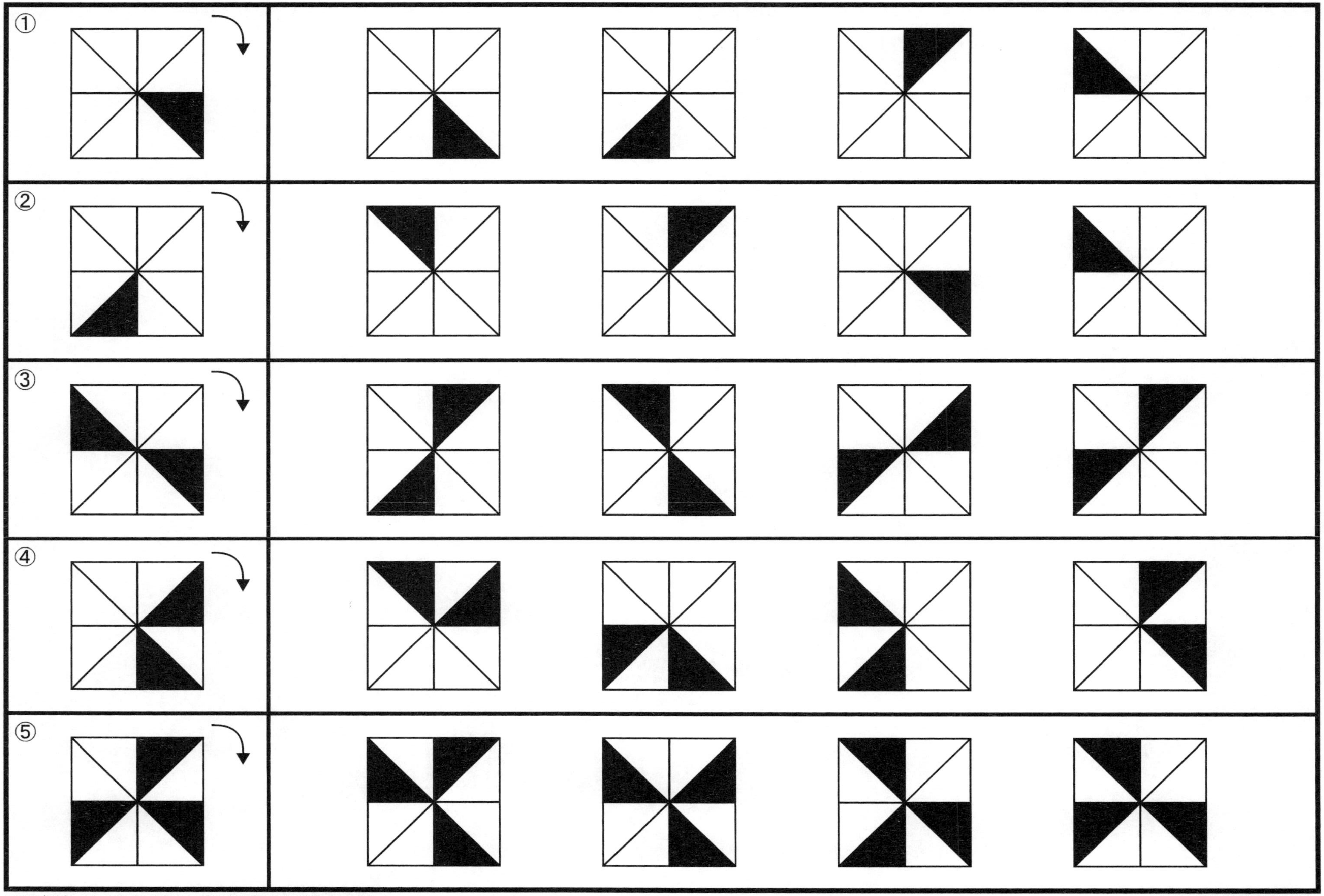

 無断複製／転載を禁ずる

日本学習図書株式会社

問題３７－２

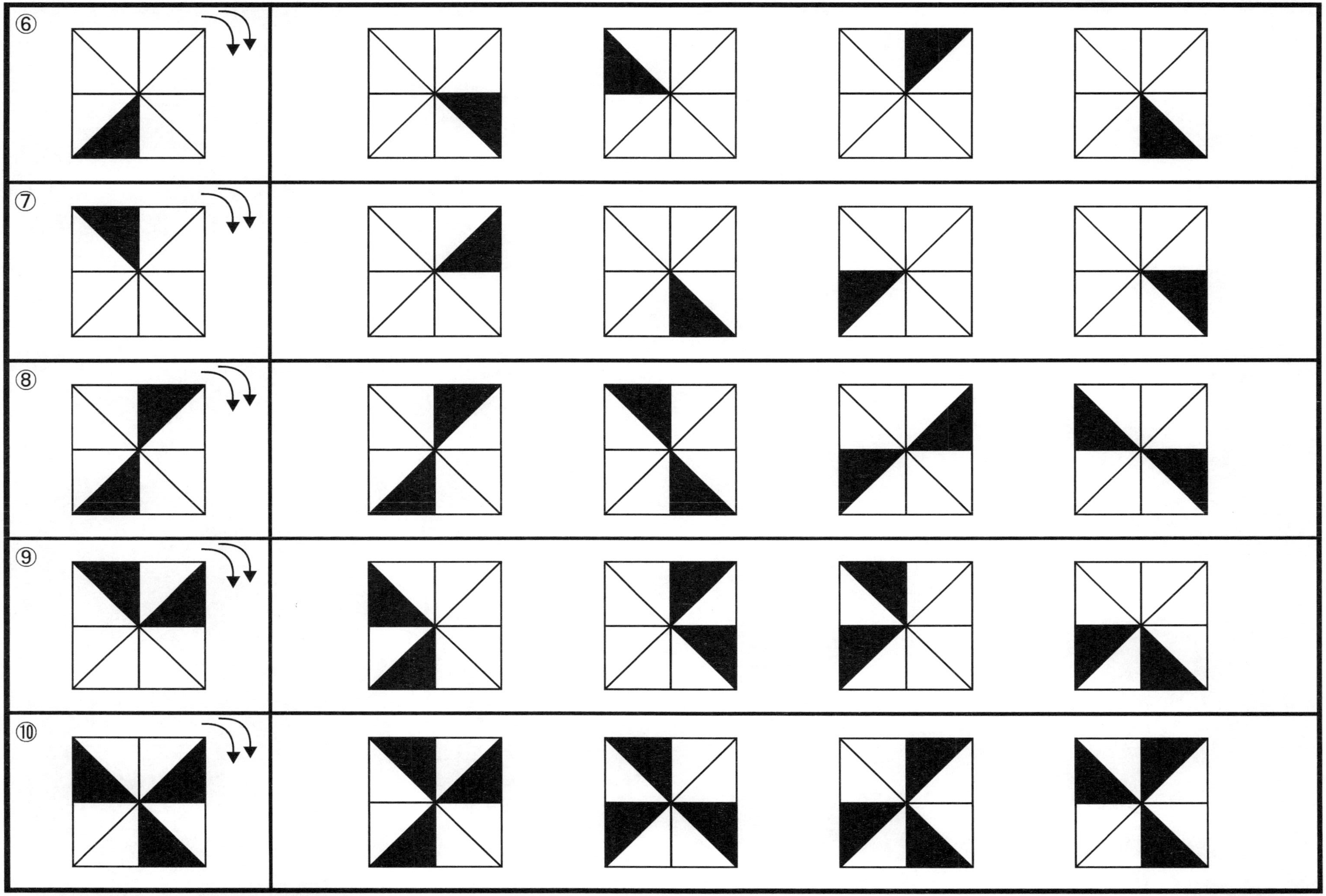

無断複製／転載を禁ずる

日本学習図書株式会社

2025年度 日出学園 過去 無断複製/転載を禁ずる 日本学習図書株式会社

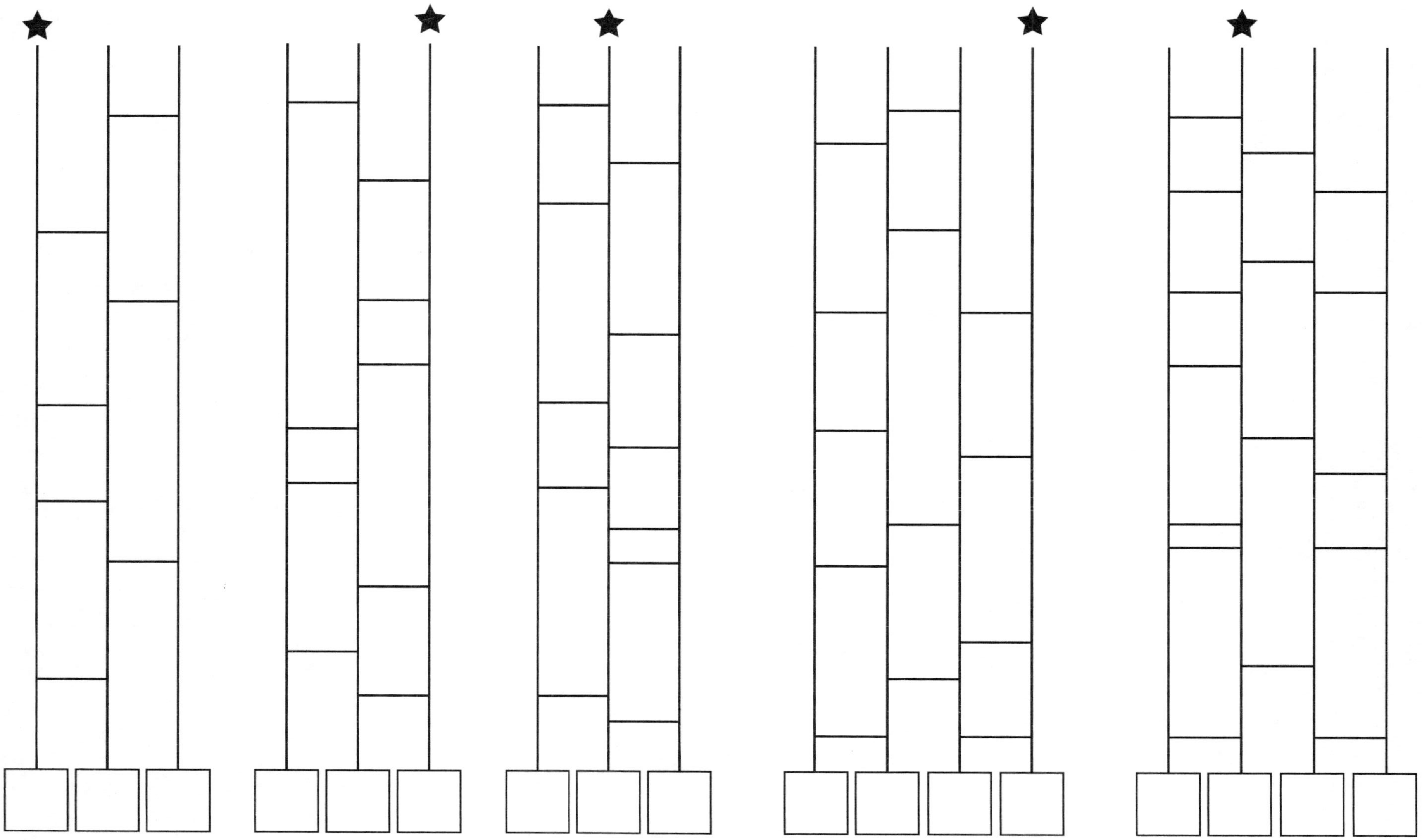

2025 年度 日出学園 過去　無断複製／転載を禁ずる　日本学習図書株式会社

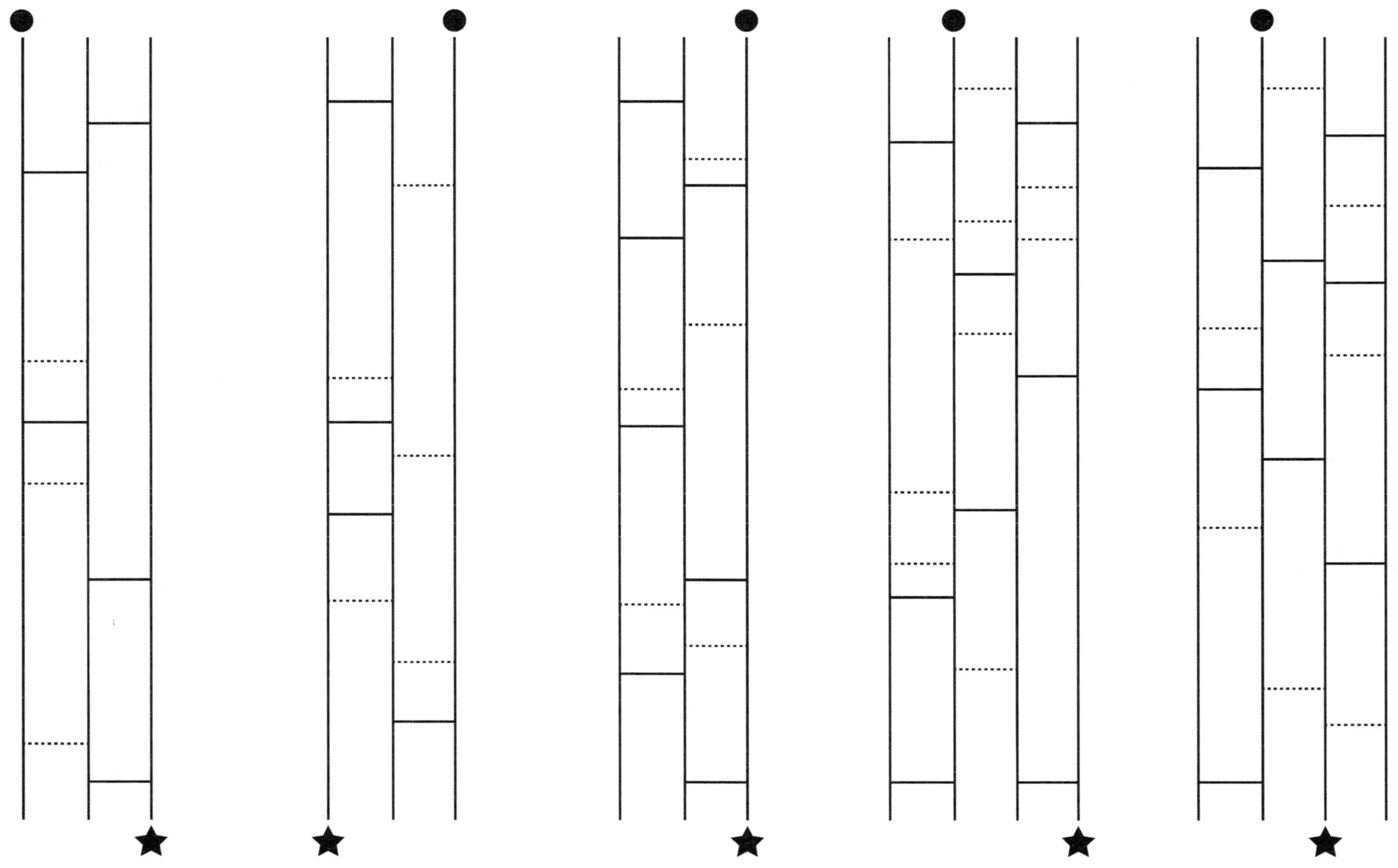

問題４２

 無断複製／転載を禁ずる

日本学習図書株式会社

問題４３

①

②

③

④

2025年度 日出学園 過去　無断複製／転載を禁ずる

問題４４

①

②

③
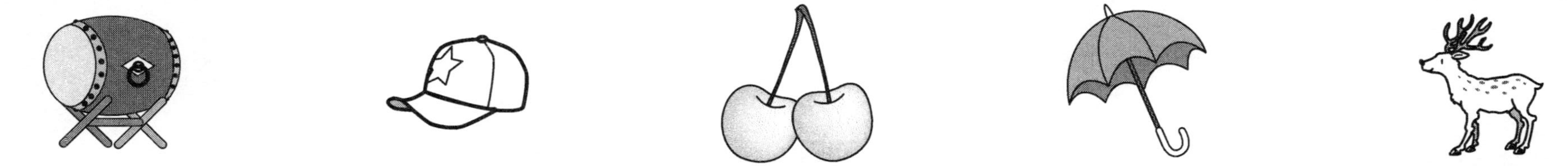

④

⑤
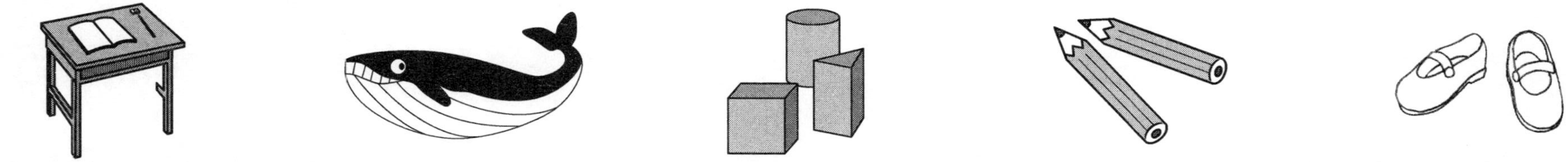

⑥

問題45

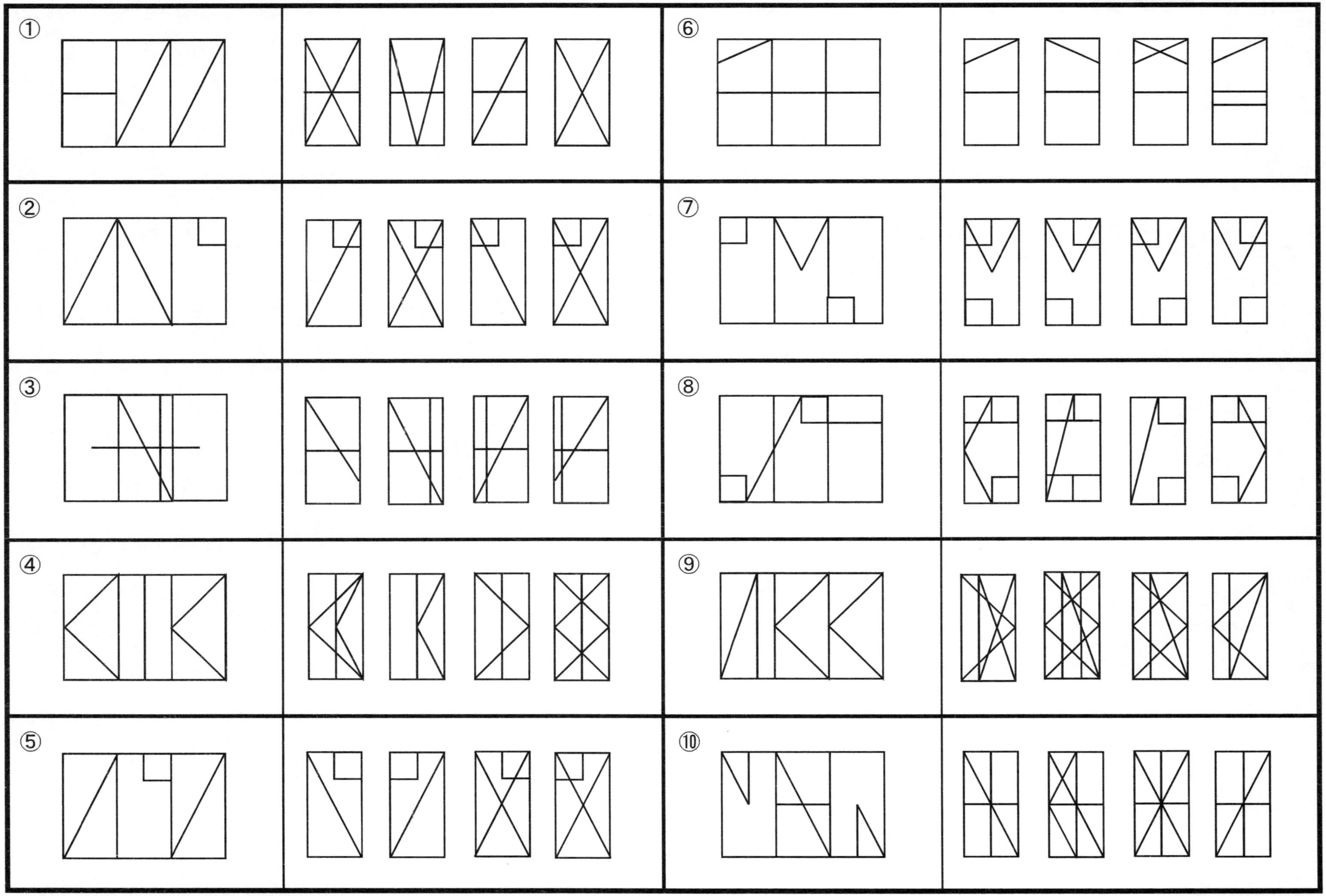

 無断複製／転載を禁ずる

日本学習図書株式会社

問題４６

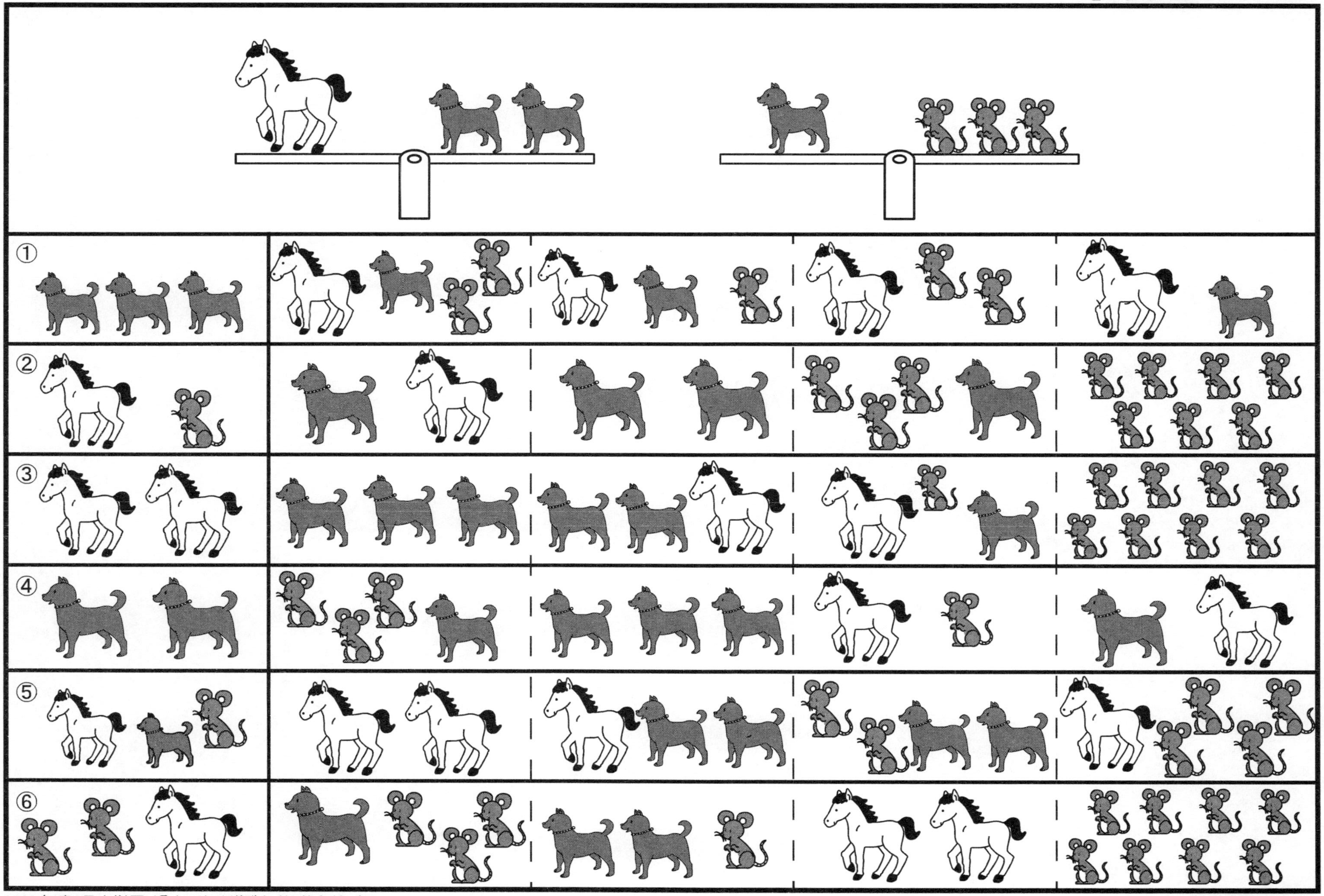

2025年度 日出学園 過去　無断複製／転載を禁ずる

問題４７

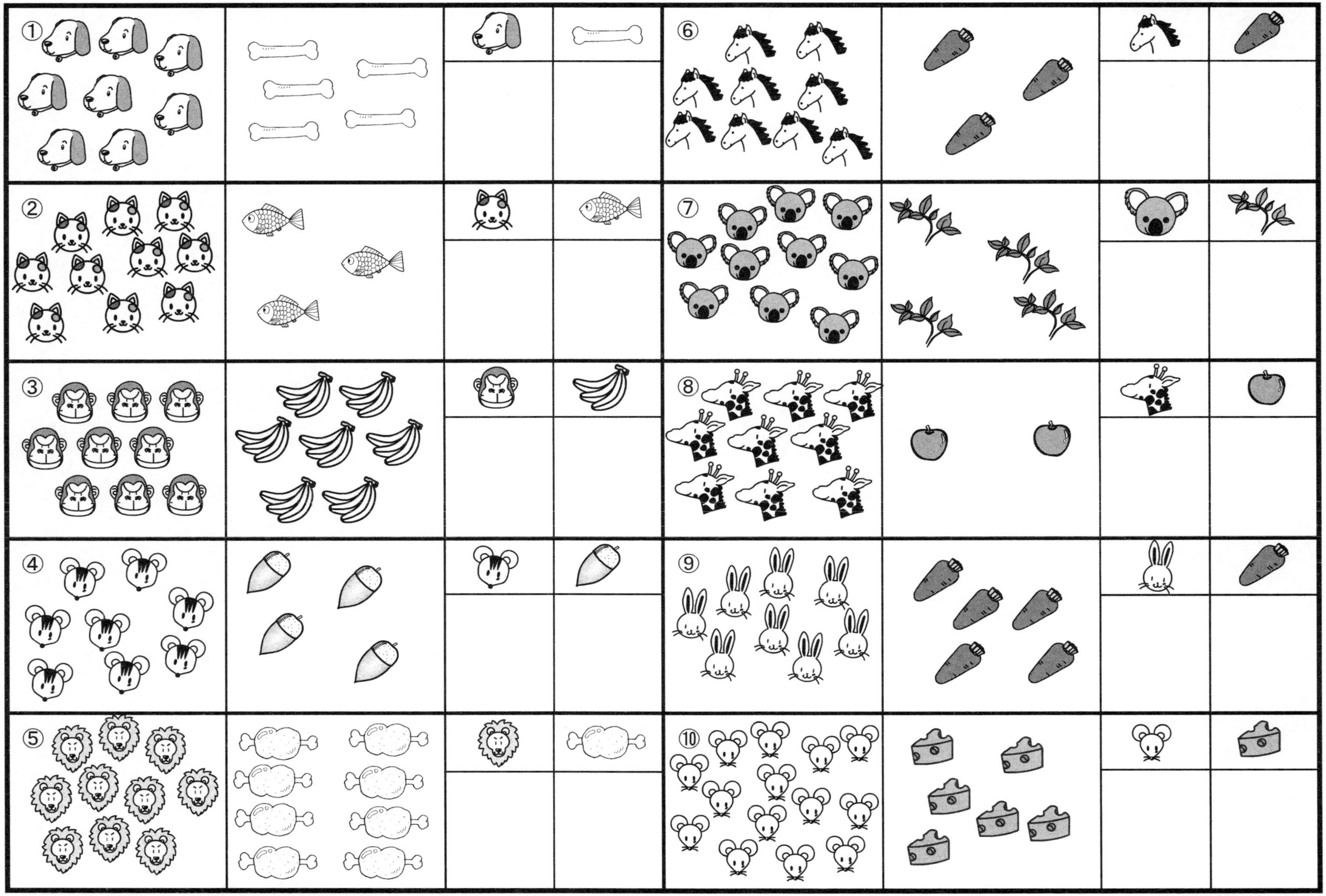

 無断複製／転載を禁ずる

日本学習図書株式会社

問題４９

無断複製／転載を禁ずる

日本学習図書株式会社

図書カード1000円分プレゼント

ご記入日 令和　　年　　月　　日

☆国・私立小学校受験アンケート☆

※可能な範囲でご記入下さい。選択肢は○で囲んで下さい。

〈小学校名〉＿＿＿＿＿＿＿＿＿＿　〈お子さまの性別〉男・女　〈誕生月〉＿＿月

〈その他の受験校〉（複数回答可）＿＿＿＿＿＿＿＿＿＿

〈受験日〉①：＿＿月＿＿日〈時間〉＿＿時＿＿分～＿＿時＿＿分

②：＿＿月＿＿日〈時間〉＿＿時＿＿分～＿＿時＿＿分

〈受験者数〉男女計＿＿名（男子＿＿名　女子＿＿名）

〈お子さまの服装〉＿＿＿＿＿＿＿＿＿＿

〈入試全体の流れ〉（記入例）準備体操→行動観察→ペーパーテスト

＿＿＿＿＿＿＿＿＿＿

Eメールによる情報提供

日本学習図書では、Eメールでも入試情報を募集しております。

下記のアドレスに、アンケートの内容をご入力の上、メールをお送り下さい。

ojuken@nichigaku.jp

●行動観察　（例）好きなおもちゃで遊ぶ・グループで協力するゲームなど

〈実施日〉＿＿月＿＿日〈時間〉＿＿時＿＿分～＿＿時＿＿分〈着替え〉□有 □無

〈出題方法〉□肉声 □録音 □その他（　　　　　）〈お手本〉□有 □無

〈試験形態〉□個別 □集団（　　　人程度）　〈会場図〉

〈内容〉

□自由遊び

＿＿＿＿＿＿＿＿＿＿

□グループ活動

＿＿＿＿＿＿＿＿＿＿

□その他

＿＿＿＿＿＿＿＿＿＿

●運動テスト（有・無）　（例）跳び箱・チームでの競争など

〈実施日〉＿＿月＿＿日〈時間〉＿＿時＿＿分～＿＿時＿＿分〈着替え〉□有 □無

〈出題方法〉□肉声 □録音 □その他（　　　　　）〈お手本〉□有 □無

〈試験形態〉□個別 □集団（　　　人程度）　〈会場図〉

〈内容〉

□サーキット運動

□走り □跳び箱 □平均台 □ゴム跳び

□マット運動 □ボール運動 □なわ跳び

□クマ歩き

□グループ活動＿＿＿＿＿＿＿＿＿＿

□その他＿＿＿＿＿＿＿＿＿＿

●知能テスト・口頭試問

〈実施日〉 ＿＿月＿＿日 **〈時間〉** ＿＿時＿＿分 ～ ＿＿時＿＿分 **〈お手本〉** □有 □無

〈出題方法〉 □肉声 □録音 □その他（　　　　　　） **〈問題数〉** ＿＿枚 ＿＿問

分野	方法	内　　　容	詳　細・イ　ラ　ス　ト
（例） お話の記憶	☑筆記 □口頭	動物たちが待ち合わせをする話	（あらすじ） 動物たちが待ち合わせをした。最初にウサギさんが来た。次にイヌくんが、その次にネコさんが来た。最後にタヌキくんが来た。 （問題・イラスト） ３番目に来た動物は誰か 
お話の記憶	□筆記 □口頭		（あらすじ） （問題・イラスト）
図形	□筆記 □口頭		
言語	□筆記 □口頭		
常識	□筆記 □口頭		
数量	□筆記 □口頭		
推理	□筆記 □口頭		
その他	□筆記 □口頭		

●制作　（例）ぬり絵・お絵かき・工作遊びなど

〈実施日〉＿＿月＿＿日〈時間〉＿＿時＿＿分＿＿～＿＿時＿＿分

〈出題方法〉　□肉声　□録音　□その他（　　　　　　）〈お手本〉□有　□無

〈試験形態〉　□個別　□集団（　　　　人程度）

材料・道具	制作内容
□ハサミ	□切る　□貼る　□塗る　□ちぎる　□結ぶ　□描く　□その他（　　　　　　）
□のり（□つぼ　□液体　□スティック）	タイトル：＿＿＿＿＿＿＿＿＿＿＿＿
□セロハンテープ	
□鉛筆　□クレヨン（　色）	
□クーピーペン（　色）	
□サインペン（　色）□	
□画用紙（□ A4　□ B4　□ A3	
□その他：　　　　　　　）	
□折り紙　□新聞紙　□粘土	
□その他（　　　　　　　）	

●面接

〈実施日〉＿＿月＿＿日〈時間〉＿＿時＿＿分＿＿～＿＿時＿＿分〈面接担当者〉＿＿名

〈試験形態〉□志願者のみ（　）名　□保護者のみ　□親子同時　□親子別々

〈質問内容〉

□志望動機　□お子さまの様子

□家庭の教育方針

□志望校についての知識・理解

□その他（　　　　　　　　　　）

（詳　細）

・

・

・

・

※試験会場の様子をご記入下さい。

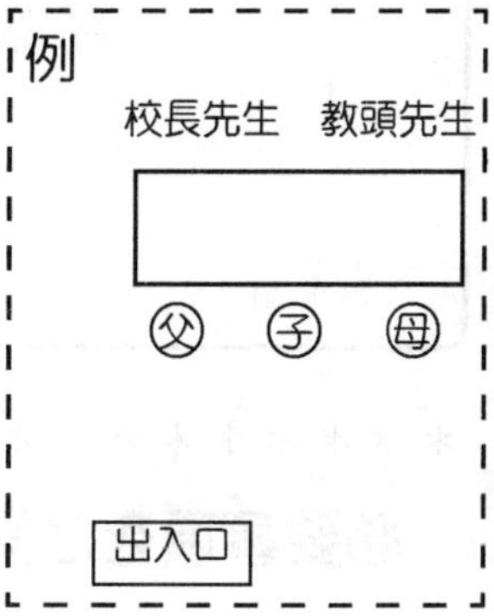

●保護者作文・アンケートの提出（有・無）

〈提出日〉　□面接直前　□出願時　□志願者考査中　□その他（　　　　　　　）

〈下書き〉　□有　□無

〈アンケート内容〉

（記入例）当校を志望した理由はなんですか（150 字）

●説明会（□有　□無）〈開催日〉　　月　　日〈時間〉　　時　　分　～　　時　　分

〈上履き〉□要　□不要〈願書配布〉□有　□無〈校舎見学〉□有　□無

〈ご感想〉

●参加された学校行事（複数回答可）

公開授業〈開催日〉　　月　　日〈時間〉　　時　　分　～　　時　　分

運動会など〈開催日〉　　月　　日〈時間〉　　時　　分　～　　時　　分

学習発表会・音楽会など〈開催日〉　　月　　日〈時間〉　　時　　分　～　　時　　分

〈ご感想〉

※是非参加したほうがよいと感じた行事について

●受験を終えてのご感想、今後受験される方へのアドバイス

※対策学習（重点的に学習しておいた方がよい分野）、当日準備しておいたほうがよい物など

＊＊＊＊＊＊＊＊＊＊＊＊＊　ご記入ありがとうございました　＊＊＊＊＊＊＊＊＊＊＊＊＊

必要事項をご記入の上、ポストにご投函ください。

なお、本アンケートの送付期限は入試終了後３ヶ月とさせていただきます。また、入試に関する情報の記入量が当社の基準に満たない場合、謝礼の送付ができないことがございます。あらかじめご了承ください。

ご住所：〒

お名前：　　　　メール：

ＴＥＬ：　　　　ＦＡＸ：

アンケートのご記入
ありがとうございました

ご記入頂いた個人に関する情報は、当社にて厳重に管理致します。弊社の個人情報取り扱いに関する詳細は、www.nichigaku.jp/policy.phpの「個人情報の取り扱い」をご覧下さい。

分野別 小学入試練習帳 ジュニアウォッチャー

1. 点・線図形	小学校入試で出題頻度の高い『点・線図形』の模写を、難易度の低いものから段階別に幅広く練習することができるように構成。
2. 座標	図形の位置模写という作業を、難易度の低いものから段階別に練習できるように構成。
3. パズル	様々なパズルの問題を難易度の低いものから段階別に練習できるように構成。
4. 同図形探し	小学校入試で出題頻度の高い、同図形選びの問題を繰り返し練習できるように構成。
5. 回転・展開	図形などを回転、または展開したとき、形がどのように変化するかを学習し、理解を深められるように構成。
6. 系列	数、図形などの様々な系列問題を、難易度の低いものから段階別に練習できるように構成。
7. 迷路	迷路の問題を繰り返し練習できるように構成。
8. 対称	対称に関する問題を4つのテーマに分類し、各テーマごとに問題を段階別に練習できるように構成。
9. 合成	図形の合成に関する問題を、難易度の低いものから段階別に練習できるように構成。
10. 四方からの観察	もの（立体）を様々な角度から見て、どのように見えるかを推理する問題を段階別に整理し、1つの形式で複数の問題を練習できるように構成。
11. いろいろな仲間	ものや動物、植物の共通点を見つけ、分類していく問題を中心に構成。
12. 日常生活	日常生活における様々な問題を6つのテーマに分類し、各テーマごとに一つの問題形式で複数の問題を練習できるように構成。
13. 時間の流れ	『時間』に着目し、様々なものごとは、時間が経過するとどのように変化するのかということを学習し、理解できるように構成。
14. 数える	様々なものを『数える』ことから、数の多少の判定やかけ算、わり算の基礎までを練習できるように構成。
15. 比較	比較に関する問題を5つのテーマ（数、高さ、長さ、量、重さ）に分類し、各テーマごとに問題を段階別に練習できるように構成。
16. 積み木	数える対象を積み木に限定した問題集。
17. 言葉の音遊び	言葉の音に関する問題を5つのテーマに分類し、各テーマごとに問題を段階別に練習できるように構成。
18. いろいろな言葉	表現力をより豊かにするいろいろな言葉として、擬態語や擬声語、同音異義語、反意語、数詞を取り上げた問題集。
19. お話の記憶	お話を聴いてその内容を記憶、理解し、設問に答える形式の問題集。
20. 見る記憶・聴く記憶	「見て憶える」「聴いて憶える」という『記憶』分野に特化した問題集。
21. お話作り	いくつかの絵を元にしてお話を作る練習をして、想像力を養うことができるように構成。
22. 想像画	描かれてある形や景色に好きな絵を描くことにより、想像力を養うことができるように構成。
23. 切る・貼る・塗る	小学校入試で出題頻度の高い、はさみやのりなどを用いた巧緻性の問題を繰り返し練習できるように構成。
24・絵画	小学校入試で出題頻度の高い、お絵かきやぬり絵などクレヨンやクーピーペンを用いた巧緻性の問題を繰り返し練習できるように構成。
25. 生活巧緻性	小学校入試で出題頻度の高い日常生活の様々な場面における巧緻性の問題集。
26. 文字・数字	ひらがなの清音、濁音、拗音、拗長音、促音と1〜20までの数字に焦点を絞り、練習できるように構成。
27. 理科	小学校入試で出題頻度が高くなりつつある理科の問題を集めた問題集。
28. 運動	出題頻度の高い運動問題を種目別に分けて構成。
29. 行動観察	項目ごとに問題提起をし、「このような時はどうか、あるいはどう対処するのか」の観点から問いかける形式の問題集。
30. 生活習慣	学校から家庭に提起された問題と思って、一問一問絵を見ながら話し合い、考える形式の問題集。

31. 推理思考	数、量、言語、常識（含理科、一般）など、諸々のジャンルから問題を構成し、近年の小学校入試問題傾向に沿って構成。
32. ブラックボックス	箱や筒の中を通ると、どのようなお約束でどのように変化するかを推理・思考する問題集。
33. シーソー	重さの違うものをシーソーに乗せた時どちらに傾くのか、またどうすればシーソーは釣り合うのかを思考する基礎的な問題集。
34. 季節	様々な行事や植物などを季節別に分類できるように知識をつける問題集。
35. 重ね図形	小学校入試で頻繁に出題されている「図形を重ね合わせてできる形」についての問題を集めました。
36. 同数発見	様々な物を数え「同じ数」を発見し、数の多少の判断や数の認識の基礎を学べるように構成した問題集。
37. 選んで数える	数の学習の基本となる、いろいろなものの数を正しく数える学習を行う問題集。
38. たし算・ひき算1	数字を使わず、たし算とひき算の基礎を身につけるための問題集。
39. たし算・ひき算2	数字を使わず、たし算とひき算の基礎を身につけるための問題集。
40. 数を分ける	数を等しく分ける問題です。等しく分けたときに余りが出るものもあります。
41. 数の構成	ある数がどのような数で構成されているか学んでいきます。
42. 一対多の対応	一対一の対応から、一対多の対応まで、かけ算の考え方の基礎学習を行います。
43. 数のやりとり	あげたり、もらったり、数の変化をしっかりと学びます。
44. 見えない数	指定された条件から数を導き出します。
45. 図形分割	図形の分割に関する問題集。パズルや合成の分野にも通じる様々な問題を集めました。
46. 回転図形	「回転図形」に関する問題集。やさしい問題から始め、いくつかの代表的なパターンから、段階を踏んで学習できるよう編集されています。
47. 座標の移動	「マス目の指示通りに移動する問題」と「指示された数だけ移動する問題」を収録。
48. 鏡図形	鏡で左右反転させた時の見え方を考えます。平面図形から立体図形、文字、絵まで。
49. しりとり	すべての学習の基礎となる「言葉」を学ぶこと、特に「語彙」を増やすことに重点をおき、さまざまなタイプの「しりとり」問題を集めました。
50. 観覧車	観覧車やメリーゴーラウンドなどを舞台にした「回転系列」の問題集。「推理思考」分野の問題ですが、要素として「図形」や「数量」も含みます。
51. 運筆①	鉛筆の持ち方を学び、点線なぞり、お手本を見ながらの模写で、線を引く練習をします。
52. 運筆②	運筆①からさらに発展し、「欠所補完」や「迷路」などを楽しみながら、より複雑な鉛筆運びを習得することを目指します。
53. 四方からの観察 積み木編	積み木を使用した「四方からの観察」に関する問題を練習できるように構成。
54. 図形の構成	見本の図形がどのような部分によって形づくられているかを考えます。
55. 理科②	理科的知識に関する問題を集中して練習する「常識」分野の問題集。
56. マナーとルール	道路や駅、公共の場でのマナー、安全や衛生に関する常識を学べるように構成。
57. 置き換え	さまざまな具体的・抽象的事象を記号で表す「置き換え」の問題を扱います。
58. 比較②	長さ・高さ・体積・数などを数学的な知識を使わず、論理的に推測する「比較」の問題を練習できるように構成。
59. 欠所補完	線と線のつながり、欠けた絵に当てはまるものなどを求める「欠所補完」に取り組める問題集です。
60. 言葉の音（おん）	しりとり、決まった順番の音をつなげるなど、「言葉の音」に関する問題に取り組める練習問題集です。

◆◆ニチガクのおすすめ問題集◆◆

より充実した家庭学習を目指し、ニチガクではさまざまな問題集をとりそろえております!!

サクセスウォッチャーズ（全18巻）

①〜⑱
本体各￥2,200＋税

全9分野を「基礎必修編」「実力アップ編」の2巻でカバーした、合計18冊。

各巻80問と豊富な問題数に加え、他の問題集では掲載していない詳しいアドバイスが、お子さまを指導する際に役立ちます。

各ページが、すぐに使えるミシン目付き。本番を意識したドリルワークが可能です。

ジュニアウォッチャー（既刊60巻）

①〜㊿（以下続刊）
本体各￥1,500＋税

入試出題頻度の高い9分野を、さらに60の項目にまで細分化。基礎学習に最適のシリーズ。

苦手分野におけるつまずきを、効率よく克服するための60冊です。

ポイントが絞られているため、無駄なく高い効果を得られます。

国立・私立NEWウォッチャーズ

言語／理科／図形／記憶
常識／数量／推理
本体各￥2,000＋税

シリーズ累計発行部数40万部以上を誇る大ベストセラー「ウォッチャーズシリーズ」の趣旨を引き継ぐ新シリーズ!!

実際に出題された過去問の「類題」を32問掲載。全問に「解答のポイント」付きだから家庭学習に最適です。「ミシン目」付き切り離し可能なプリント学習タイプ！

実践 ゆびさきトレーニング①・②・③

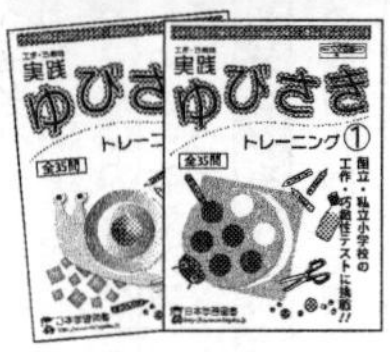

本体各￥2,500＋税

制作問題に特化した一冊。有名校が実際に出題した類似問題を35問掲載。

様々な道具の扱い（はさみ・のり・セロハンテープの使い方）から、手先・指先の訓練（ちぎる・貼る・塗る・切る・結ぶ）、また、表現することの楽しさも経験できる問題集です。

お話の記憶・読み聞かせ

［お話の記憶問題集］
中級／上級編
本体各￥2,000＋税

初級／過去類似編／ベスト30
本体各￥2,600＋税

1話5分の読み聞かせお話集①・②、入試実践編①
本体各￥1,800＋税

あらゆる学習に不可欠な、語彙力・集中力・記憶力・理解力・想像力を養うと言われているのが「お話の記憶」分野の問題。問題集は全問アドバイス付き。

分野別 苦手克服シリーズ（全6巻）

図形／数量／言語／
常識／記憶／推理
本体各￥2,000＋税

数量・図形・言語・常識・記憶の6分野。アンケートに基づいて、多くのお子さまがつまづきやすい苦手問題を、それぞれ40問掲載しました。

全問アドバイス付きですので、ご家庭において、そのつまづきを解消するためのプロセスも理解できます。

運動テスト・ノンペーパーテスト問題集

新 運動テスト問題集
本体￥2,200＋税

新 ノンペーパーテスト問題集
本体￥2,600＋税

ノンペーパーテストは国立・私立小学校で幅広く出題される、筆記用具を使用しない分野の問題を全40問掲載。

運動テスト問題集は運動分野に特化した問題集です。指示の理解や、ルールを守る訓練など、ポイントを押さえた学習に最適。全35問掲載。

口頭試問・面接テスト問題集

新 口頭試問・個別テスト問題集
本体￥2,500＋税

面接テスト問題集
本体￥2,000＋税

口頭試問は、主に個別テストとして口頭で出題解答を行うテスト形式。面接は、主に「考え」やふだんの「あり方」をたずねられるものです。

口頭で答える点は同じですが、内容は大きく異なります。想定する質問内容や答え方の幅を広げるために、どちらも手にとっていただきたい問題集です。

小学校受験 厳選難問集 ①・②

本体各￥2,600＋税

実際に出題された入試問題の中から、難易度の高い問題をピックアップし、アレンジした問題集。応用問題への挑戦は、基礎の理解度を測るだけでなく、お子さまの達成感・知的好奇心を触発します。

①は数量・図形・推理・言語、②は位置・常識・比較・記憶分野の難問を掲載。それぞれ40問。

国立小学校　対策問題集

国立小学校入試問題A・B・C
（全3巻）本体各￥3,282＋税

新 国立小学校直前集中講座
本体￥3,000＋税

国立小学校頻出の問題を厳選。細かな指導方法やアドバイスが掲載してあり、効率的な学習が進められます。「総集編」は難易度別にA〜Cの3冊。付録のレーダーチャートにより得意・不得意を認識でき、国立小学校受験対策に最適です。入試直前の対策には「新 直前集中講座」！

おうちでチャレンジ ①・②

本体各￥1,800＋税

関西最大級の模擬試験である小学校受験標準テストのペーパー問題を編集した実力養成に最適な問題集。延べ受験者数10,000人以上のデータを分析しお子さまの習熟度・到達度を一目で判別。

保護者必読の特別アドバイス収録！

Q&Aシリーズ

『小学校受験で知っておくべき125のこと』
『小学校受験に関する 保護者の悩みQ&A』
『新 小学校受験の入試面接Q&A』
『新 小学校受験 願書・アンケート文例集500』
本体各￥2,600＋税
『小学校受験のための
願書の書き方から面接まで』
本体￥2,500＋税

「知りたい！」「聞きたい！」「こんな時どうすれば…？」そんな疑問や悩みにお答えする、オススメの人気シリーズです。

書籍についてのご注文・お問い合わせ
☎ 03-5261-8951
http://www.nichigaku.jp
※ご注文方法、書籍についての詳細は、Webサイトをご覧ください。
日本学習図書　検索

『読み聞かせ』×『質問』=『聞く力』

お話の記憶の練習に最適

1話5分の
読み聞かせお話集①②

「アラビアン・ナイト」「アンデルセン童話」「イソップ寓話」「グリム童話」、日本や各国の民話、昔話、偉人伝の中から、教育的な物語や、過去に小学校入試でも出題された有名なお話を中心に掲載。お話ごとに、内容に関連したお子さまへの質問も掲載しています。「読み聞かせ」を通して、お子さまの『聞く力』を伸ばすことを目指します。

①巻・②巻　各48話

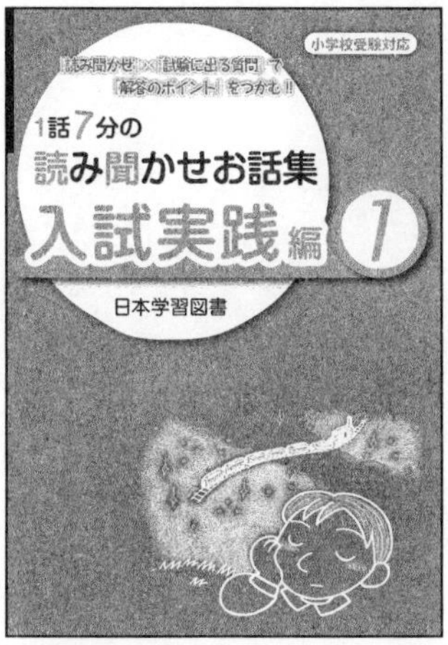

1話7分の読み聞かせお話集
入試実践編①

国立·私立小学校受験対応

最長1,700文字の長文のお話を掲載。有名でない=「聞いたことのない」お話を聞くことで、『集中力』のアップを目指します。設問も、実際の試験を意識した設問としています。ペーパーテスト実施校の多くが「お話の記憶」の問題を出題します。毎日の「読み聞かせ」と「試験に出る質問」で、「解答のポイント」をつかんで臨みましょう!

50話収録

ニチガクの　この5冊で受験準備も万全!

小学校受験入門
願書の書き方から面接まで　リニューアル版

主要私立・国立小学校の願書・面接内容を中心に、学校選びや入試の分野傾向、服装コーディネート、持ち物リストなども網羅し、受験準備全体をサポートします。

小学校受験で
知っておくべき125のこと

小学校受験の基本から怪しい「ウワサ」まで、保護者の方々からの125の質問にていねいに解答。目からウロコのお受験本。

新　小学校受験の
入試面接Q&A　リニューアル版

過去十数年に遡り、面接での質問内容を網羅。小学校別、父親・母親・志願者別、さらに学校のこと・志望動機・お子さまについてなど分野ごとに模範解答例やアドバイスを掲載。

新　願書・アンケート
文例集500　リニューアル版

有名私立小、難関国立小の願書やアンケートに記入するための適切な文例を、質問の項目別に収録。合格を掴むためのヒントが満載!願書を書く前に、ぜひ一度お読みください。

小学校受験に関する
保護者の悩みQ&A

保護者の方約1,000人に、学習・生活・躾に関する悩みや問題を取材。その中から厳選した200例以上の悩みに、「ふだんの生活」と「入試直前」のアドバイス2本立てで悩みを解決。

日本学習図書株式会社

日出学園小学校　専用注文書

年　　月　　日

合格のための問題集ベスト・セレクション

＊入試頻出分野ベスト３

1st　お話の記憶
集中力　聞く力

2nd　図　形
観察力　思考力

3rd　制　作
聞く力　話す力　創造力

受験者数はこの状況でも増え、基礎学力を観る１次試験の合格のボーダーラインは高く、ミスのできない入試になっています。面接以外の場面でもコミュニケーション力が必要です。

分野	書　名	価格(税込)	注文	分野	書　名	価格(税込)	注文
図形	Ｊｒ・ウォッチャー３「パズル」	1,650円	冊	言語	Ｊｒ・ウォッチャー49「しりとり」	1,650円	冊
図形	Ｊｒ・ウォッチャー９「合成」	1,650円	冊	常識	Ｊｒ・ウォッチャー56「マナーとルール」	1,650円	冊
数量	Ｊｒ・ウォッチャー14「数える」	1,650円	冊	言語	Ｊｒ・ウォッチャー60「言葉の音(おん)」	1,650円	冊
言語	Ｊｒ・ウォッチャー18「色々な言葉」	1,650円	冊		日出学園小学校　合格対策問題集	2,200円	冊
記憶	Ｊｒ・ウォッチャー19「お話の記憶」	1,650円	冊		実践ゆびさきトレーニング①・②・③	2,750円	各　冊
記憶	Ｊｒ・ウォッチャー20「見る聴く記憶」	1,650円	冊		NEWウォッチャーズ　私立図形	2,000円	冊
巧緻性	Ｊｒ・ウォッチャー25「生活巧緻性」	1,650円	冊		NEWウォッチャーズ　私立数量	2,000円	冊
観察	Ｊｒ・ウォッチャー29「行動観察」	1,650円	冊		NEWウォッチャーズ　私立記憶	2,000円	冊
推理	Ｊｒ・ウォッチャー31「推理思考」	1,650円	冊		お話の記憶　初級編	2,860円	冊
図形	Ｊｒ・ウォッチャー35「重ね図形」	1,650円	冊		お話の記憶　中級編・上級編	2,200円	各　冊
数量	Ｊｒ・ウォッチャー41「数の構成」	1,650円	冊		１話５分の読み聞かせお話集①・②	2,750円	各　冊
図形	Ｊｒ・ウォッチャー45「図形分割」	1,650円	冊		新・小学校面接　Q&A	2,860円	冊
図形	Ｊｒ・ウォッチャー46「回転図形」	1,650円	冊		保護者のための　入試面接最強マニュアル	2,200円	冊
図形	Ｊｒ・ウォッチャー47「座標の移動」	1,650円	冊		面接テスト問題集	2,200円	冊

合計	冊	円

（フリガナ） 氏　名	電　話 ＦＡＸ E-mail
住　所　〒　　　　－	以前にご注文されたことはございますか。 有　・　無

★お近くの書店、または記載の電話・FAX・ホームページにてご注文をお受けしております。
電話：03-5261-8951　FAX：03-5261-8953　代金は書籍合計金額＋送料がかかります。
※なお、落丁・乱丁以外の理由による商品の返品・交換には応じかねます。
★ご記入頂いた個人に関する情報は、当社にて厳重に管理致します。なお、ご購入の商品発送の他に、当社発行の書籍案内、書籍に関する調査に使用させて頂く場合がございますので、予めご了承ください。

日本学習図書株式会社
https://www.nichigaku.jp

家庭学習をトータルサポート！ ニチガクのオリジナル 効果的 学習法

1 まずはアドバイスページを読む！

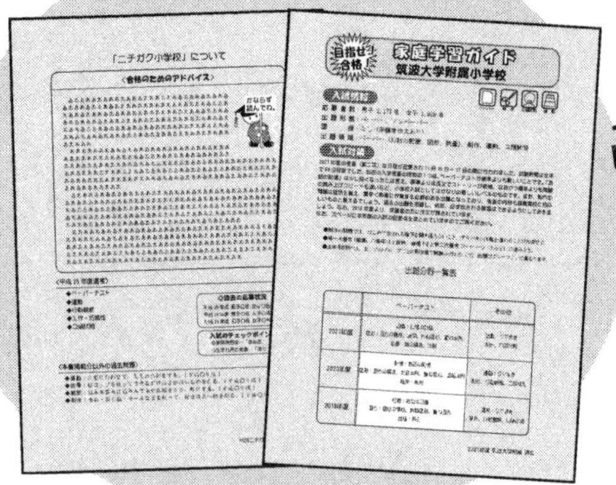

ピンク色です

対策や試験ポイントがぎっしりつまった「家庭学習ガイド」。分野アイコンで、試験の傾向をおさえよう！

2 問題をすべて読み、出題傾向を把握する

3 「アドバイス」で学校側の観点や問題の解説を熟読

4 はじめて過去問題にチャレンジ！

5 プラスα 対策問題集や類題で力を付ける

過去問のこだわり

最新問題は問題ページ、イラストページ、解答・解説ページが独立しており、お子さまにすぐに取り掛かっていただける作りになっています。
ニチガクの学校別問題集ならではの、学習法を含めたアドバイスを利用して効率のよい家庭学習を進めてください。

各問題のジャンル

問題4 分野：系列

〈準備〉 クーピーペン（赤）

〈問題〉 左側に並んでいる３つの形を見てください。真ん中の抜けているところには右側のどの四角が入ると繋がるでしょうか。右側から探して○を付けてください。

〈時間〉 30秒

〈解答〉 ①真ん中　②右　③左

アドバイス

複雑な系列の問題です。それぞれの問題がどのような約束で構成されているのか確認をしましょう。この約束が理解できていないと問題を解くことができません。また、約束を見つけるとき、一つの視点、考えに固執するのではなく、色々と着眼点を変えてとらえるようにすることで発見しやすくなります。この問題では、①と②は中の模様が右の方へまっすぐ1つずつ移動しています。③は4つの矢印が右の方へ回転して1つずつ移動しています。それぞれ移動のし方が違うことに気が付きましたでしょうか。系列にも様々な出題がありますので、このような系列の問題も学習しておくことをおすすめ致します。系列の問題は、約束を早く見つけることがポイントです。

【おすすめ問題集】
Ｊｒ・ウォッチャー６「系列」

アドバイス

各問題の解説や学校の観点、指導のポイントなどを教えます。
今日から保護者の方が家庭学習の先生に！

おすすめ対策問題集

分野ごとに対策問題集をご紹介。苦手分野の克服に最適です！
＊専用注文書付き。

2025 年度版　日出学園小学校
過去問題集

発行日　2024 年 4 月 15 日
発行所　〒 162-0821 東京都新宿区津久戸町 3-11-9F
日本学習図書株式会社
電　話　03-5261-8951 ㈹

ISBN978-4-7761-5567-6

C6037 ¥2100E

9784776155676

定価 2,310 円
(本体 2,100 円 + 税 10%)

1926037021001

・本書の一部または全部を無断で複写転載することは禁じられています。
乱丁、落丁の場合は発行所でお取り替え致します。

詳細は https://www.nichigaku.　日本学習図書　検索